小 津 安 二 郎

僕はトウフ屋だからトウフしか作らない

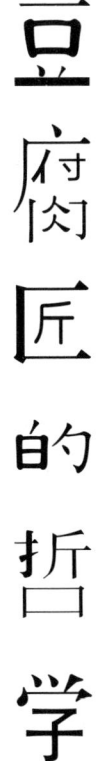

豆腐匠的哲学

新星出版社 NEW STAR PRESS

雅众文化 出品

目录

我是电影的小导演　　1

电影无"文法"　　25

酒与战败　　59

战地信笺　　85

活在对电影的爱情里　　111

《东京物语》剧本　　175

我是电影的

小导演

处女作前后 咖喱饭

近来，年轻人想要成为一名像样的导演变得相当困难，但我非常幸运，托咖喱饭的福当上了导演。片场还在蒲田的时候，我曾担任大久保忠素[1]的助手。那时的导演非常霸气，助手就跟打杂的一样，大事小事都得做，工作繁重得连抽支烟的工夫都没有，而且总是饿着肚子。若说有什么乐子，就只有吃饭这一件事。

有一天，拍摄工作延长，到了宵夜的时间还没收工的意思。人渐渐疲惫，肚子也越来越饿。然而大久保先生却还在不停地发号施令。又不是什么需要熬夜拍摄的大作，我心里这么想着，越发不耐烦了。

终于到了收工吃宵夜的时候了。大家在食堂里排队，其实是按入座顺序，先坐下来的人先吃，于是我急忙到桌旁就座。

热气腾腾的咖喱饭从桌子那头依次端上来，咖喱的香味直沁肺

---
[1]大久保忠素（1894—？）：20世纪20至30年代活跃于日本影坛的导演，参与创建了松竹电影公司及松竹蒲田摄影所，作品有《地藏物语》等。

腑。想着稍后咖喱饭就将端到自己面前，我不由得直咽唾沫。导演进来，在桌边坐下。我心想接下来当然应该轮到我了，然而盘子却搁在了导演面前。我愤然叫道："按顺序排队！"不知哪个助手说了句："往后退呗。""什么！"我连说话的是谁都等不及看清楚就站起来要扑上去，但有人把我拉住了。我仍然不停地喊着："快端饭来！按顺序排队！"毫无疑问，我吃上了热腾腾的咖喱饭。

这件事让当时的厂长城户四郎知道了，觉得"这家伙挺有意思"。也不知他是否真这么认为，一个月后，我竟被告知"拍一部试试看"，于是开始着手拍摄名为"忏悔之刃"的六部系列影片。

所以说，我当上导演不是因为头脑聪明，也并非技艺得到了肯定，仅仅是托了咖喱饭的福。记得那是一九二七年春天的事了。

小津安二郎谈艺术

可能因为电影导演这个行当看起来十分有趣，又能赚钱，我这里也常常有想当导演的人找上门来。虽然我自己也是因为喜欢才进入这个行业，对别人的情况就不好多说什么，但可以肯定的是，有趣也好，赚钱也罢，若要靠这行当出人头地，没有相当的忍耐和运气是不行的。首先，要进入电影公司工作就很困难，助手当个十年、十五年也属正常。能否成名也只有到时实际一试才知道，所以非常困难。

成功率恐怕比刚从学校毕业就当上执业医生更低。了解这一点之后，若有学生依然要问："想当导演，应该学些什么？"我一定会对他们说："首先要学好分内的功课，导演的修行在其基础上进行即可。"

所谓"导演的修行"，说实话我也不是很清楚具体该学些什么。首先必须博览群书，对社会、人生不了解也是不行的，可能还需要具备一些特殊的专业知识。我入行的时候虽然志愿当导演，却因导演部满员而被调到了摄影部。我在那里从助手开始做起，想来这反倒成了有益的修习。那时候还是默片时代，作为助手，我常常被分派去整理胶片。这一经历在后来意外地非常受用。这工作不像现在是由专业人员依照剧本对样片（毛片）的正片进行剪辑。当时是用初步整理后的底片按拷贝数粗洗出正片，全数送来。我的工作就是仔细剪辑这些正片。因为要赶上首映日期，所以一个人怎么也做不完，于是就由助手分头帮忙。因为可以剪接一整部影片，于是我常自作主张地尝试把长镜头剪开，做一些场面切换，或试着调换字幕的位置等。

因此也会出现一号拷贝长八千英尺，三号拷贝却只有六千的情况。居然也轻松应付过去了。我就是在这时体会到了影片的结构和因剪辑而生的变化。

还有一个好处是，我虽然当时在摄影部任职，但终究是要当导演的，所以在摄影部被看作机动人员。多亏如此，我得以有空闲从侧面观察导演工作，受益良多。可惜工资微薄，仅二十五日元。不论当时物价多么便宜，这个数目连烟钱都不够。好在这剪辑的工作，夜里必定会遇到几队人马在摄影，凑过去一晃悠，就会有人说："喂，帮个忙。"夜班费就这么到手了。这一点那一点地拿到四十、四十五日元左右，才总算够零花。

就这样，好不容易适应了片场气氛的时候，我却被征召，当了一年的志愿兵，回来后不久才调到导演部。最初跟随的是如今已经隐退的大久保忠素导演。当时的助手共三个人。不用说，我的地位最低，头儿是斋藤寅次郎，接下来是佐佐木启祐。大久保导演专拍喜剧，他的门下出了斋藤可谓理所当然，出了我这样的也许有些不可思议。但我当初也拍了不少喜剧片，《老婆失踪》《搬家的夫妇》《肉体美》《宝山》《突贯小僧》等就是昭和三年（1928年）至昭和四年的作品。

再回到前面的话题，在跟随大久保导演的时期，我出乎意料地幸运。这话也是现在才能说：大久保导演时常因腹痛告假，说句"拜托了"就没了人影。他不在的时候，大伙儿就商量着做导演。多亏如此，我在助手时代才得以实际尝试导演的工作。

不久后，我开始写剧本。这也是默片时代的不拘小节所致，毕竟每周日程非常忙碌，要拍现代片、古装片，有时还要拍喜剧短片，编剧自不用说，导演也常常得自己拿出有趣的故事或剧本。大久保导演自然会来问"有东西吗"，况且这中间还有赚外快的魅力，于是大伙儿商量着写出各种各样的剧本。不用说，这对后来的我也大有裨益。

不过，那时候，日本电影的观众欣赏水平实在很低，所以剧本也必须写得低级才行。然而，低级归低级，完整的结构、情节与人物描写的有无，还是会让影片大不一样。抱持着这些想法，我也渐渐开始写起了剧本。不论当时还是现在，城户先生的论调都是"导演若不能写剧本就不能分辨剧本的好坏"，所以针对将来有望培养成导演的助手，他一定会要求："写个本子来吧。"顺理成章，我也将受令"写个本子来吧"。这是一起胡闹的玩伴清水宏[1]和五所平之助[2]他们私下透露给我的，说是这本子如果合格就能升任导演。

怀着这样的打算，我开始动笔。果然，才第三天，城户先生就对我说："写个本子来吧。"于是，我急忙写好送去，就是那部《瓦版咔嚓咔嚓山》，后来由井上金太郎拍成了电影。

《瓦版咔嚓咔嚓山》本来是我打算自己导演的剧本，交上去以后被告知："写得不错，但作为处女作未免太过晦涩。"结果，这剧本被搁到了一边。又有人说："野田高梧写的古装片《忏悔之刃》怎么样？"于是，这成了我的第一部作品。我与现今依然跟我搭档的野田就是从那时开始合作的，可以说是相当有缘分吧。若要说内幕，这片子的故事情节是从之前看过的美国电影《捉迷藏》[3]得来的灵感，依照自己的理解改写成了古装剧。就此说来是有点惭愧，然而正式成

---

[1] 清水宏（1903—1966）：日本电影导演，发展初期的大导演之一，与小津安二郎同为松竹蒲田的顶梁柱。
[2] 五所平之助（1902—1981）：日本电影导演，拍摄了日本第一部有声电影《太太和妻子》，1964年起任日本电影导演协会秘书长。
[3]《捉迷藏》（Hoodman Blind）：1923年公映，约翰·福特执导。

为导演后，遇到的尽是些令人吃惊的事。

当副导演的时候，我内心很轻视导演，总是想："那个镜头应当从这边的门进，再从左边出来才对，导演到底在干什么！"一朝当上了导演，才发现就得从那个场面开始拍摄。不论是订制服装，还是布景都相当麻烦，更不用说正式拍摄了。当上导演才明白，副导演的不满是在先有导演的基础上才成立的。可是，正当我全身心投入拍摄时收到了预备役的演习征集令，于是加入了伊势的部队。最后的剪辑交给了别人，开场部分则由斋藤寅次郎代为拍摄。在军队里风闻电影终于完成，我才放下了心。不久，我也期满退役，回到蒲田片场一看，不由大吃了一惊。

古装片都搬到京都去拍了，蒲田团队已经解散。好不容易才学到的一点东西就这么浪费了。接下来的两三部作品都是上面分派下来的本子，我都不客气地一一推辞了。比我资格略老的伙伴五所平之助、重宗务、清水宏他们都说："这可不成，你不能挑三拣四，得什么都拍才行。"于是我又试着自己写了剧本。这次写成的是《年轻人的梦》，在今天看来是一部积极向上的作品。那以后工作便顺利了起来。虽然都说我作品少，但昭和三年除了《年轻人的梦》之外，我还拍了四部电影，昭和四年里竟也拍了七部。

当时没有样片（把每天拍摄的部分显像，再洗印在粗制胶片上试映），也没有剪辑员（把拍好的胶片按剧本指示进行整理、取舍的人），从头到尾全部靠自己动手，所以即便是在默片时代，拍这么多的电影已是相当忙碌，熬通宵也不稀奇。拍摄《宝山》的时候为了赶上首映日，我曾五天没有合眼。这么一来，连当天是几号也糊涂了。第六天早晨拍摄完毕，走出摄影棚，看见同事们正在练习投接球，我便加入其中玩了起来，连我自己都觉得那时虽然年轻，但也相当了不起。

不过这么劳累还是招徕了恶果。那之后，觉得脑子里不知什么地方长了个疙瘩，庆幸的是并无大碍。健康是我的财富之一。看来导演这行当在肉体和精神两方面都有相当严苛的要求，若不是都相当强健将难以胜任。

这一时期的作品与前面提到的《老婆失踪》《南瓜》《搬家的夫妇》《肉体美》等喜剧片不同，我拍摄了《我毕业了，但……》《公司职员生活》这些影片，总之开始接触题材完全不同的作品。也就是说，我大概有了可以拍自己想拍的作品的地位。不过当时的一流导演如野村芳亭、岛津保次郎、牛原虚彦、池田义信等人掌握着当红影星，拍些大片。我这样的新手即便能随心所欲，作为也十分有限。演员尽是新人，拍的片子也仅限喜剧或校园剧之类，而且总是被首映日期赶着。

我总是任用笠智众、斋藤达雄、吉川满子、坂本武、饭田蝶子等配角拍片的习惯就是从此而来。另外，川崎弘子、水户光子等人能从无名演员成长为电影明星也出于上述理由。虽然有例外，但大多数情况下，电影明星还是经历一定时期的底层生活后再脱颖而出比较好。我认为，有这种经历的人不但熟知片场的氛围，更因了解底层的艰辛，才不会在拍摄现场产生摩擦，演技也有弹性，不会的可以勉力为之。这期间拍摄完成的作品中有个"喜八"系列,坂本武主演,这里面还有个故事。

这系列的编剧是池田忠雄,我和老搭档野田暂时分开了。我是东京深川人,池田是下谷人,都是平民区长大的孩子,拍的也是平民区常见的人。我们共同创作了《心血来潮》《东京之宿》《浮草物语》等片。我也是从这时候起逐渐开始拍长篇影片。

我是个好恶分明的人,因此作品中出现各种我的癖好也是难免的。其中之一是把摄像机的位置放低,总是出现仰视构图。这是在只拍喜剧的时候,从《肉体美》的布景开始的。场景是在酒吧里,拍摄时用的灯光比现在少,所以每拍一个镜头都必须来来回回搬运灯具。才拍了两三个镜头,地板上就布满了电源线。若要一一收拾再拍下一个镜头,未免太浪费时间,也十分麻烦,于是为了不拍到地板,就把摄影机朝上。拍出来的构图不差,又节省了时间,那以后就形成了习惯,摄影机的位置也越来越低,以至于到后来,开始频繁使用一种名为"锅盖"的特殊三脚架。

这种三脚架是从我的首部作品开始就与我搭档的摄影师茂原英雄费心制作的,拍摄的时候必须躺在地上仰望取景框才行。为此他时常抱怨说,一旦跟我搭档脖子就疼。这个烦恼也传给了茂原君的后任,也是他的徒弟、至今仍与我搭档的厚田雄春。不过,我感觉近来摄影机的位置比从前高了许多。

说到搭档，关于一年到头都跟同样的人合作是好是坏，虽有种种议论不绝于耳，但我仍认为合作者一定得志趣相投、沟通无碍才行。我经常与野田高梧合写剧本，两人一起在茅崎一住就是一两个月。我们的酒量、下酒菜的喜好，以及能熬夜、爱睡懒觉的习惯等，几乎都很合拍，这就很方便。若是到了夜里对方立刻去睡觉，剩下我一个人的话，我就没法工作了，演员也是同样道理。每当任用完全不了解的人时，我都会不禁担忧。若是以情节取胜的电影倒也不会太辛苦，但若以人物性格取胜的作品，就必须挑剔一点了。

这种时候，向演员一一说戏相当费事，因此我自然是希望请了解的人来演。过去，我无论如何都要让演员照我的想法去演，往往反复重拍，曾有过一个晚上只拍了一个镜头的时候，而今已没有了那样的精力。我也学会了在对方力所能及的最高点妥协。

像我这样的人，看演员的眼光似乎也与其他人不同。拍《麦秋》的时候，有人向我推荐二本柳宽。我去看了《战火的尽头》[1]，非常满意。他出演的效果正有我要的那种纯洁气质。初见山村聪则是在大船片场的食堂，山村君为其他工作而来。看见他正在吃午饭，我当即决定请他出演《宗方姐妹》。那一次也很不错。《晚春》《麦秋》两部请原节子出演，在此之前她被说是演技拙劣，这流传一时的评价对她而言实在不幸。我请她出演时也曾有过顾虑，结果证明这是毫无必要的担

---

[1]《战火的尽头》：1950年公映的影片，吉村公三郎导演。

忧。在我看来，她虽然不会用夸张的表情来表现大喜大悲，但却能以细微的动作传神地表现喜怒哀乐。

她就是这种类型的人。换言之，她即使不大喊大叫也可以表现出勃然大怒的感觉。原小姐能通过这样的表演游刃有余地表现出细腻的感情。相反，有时候那些被誉为"演技精湛"的演员，他们的表演从头到尾都需要我说明，实在是麻烦。扮演老年人时，往往模仿老年人过度。磨灭了个性，一副"需要我怎么演？"的架势让人难以消受。

《茶泡饭之味》中社长一角请石川欣一扮演，让他颇费了些心思，但石川先生有着天生的社长做派，默不作声地往那儿一坐，俨然就是一位社长。有人说我对小道具和服装的要求太过繁琐。比如壁龛的画轴或摆设，拿来的是真货还是赝品，我的心情就会随之不同。参演的演员也大抵如此，就算能骗过人的眼睛也骗不了摄影机的眼睛。货真价实的东西拍出来的效果到底不一般。

正因如此，我不喜欢最近这种当红演员同时出演多部影片的做法，也为此相当困扰。演员难以同时认真扮演两个角色，若要他在我的作品上竭尽全力，那么另一部作品里，他大概就会敷衍了事。我想这是日本电影界亟待解决的问题。若这样的事情一再反复，大多数电影人就会变成电影工。不论技艺多么高超，工人的水准终究有限。幸好在战争结束后，特别是这两三年来，世人看待电影的眼光有了变化。

在我们那时候，一说要进入电影界，听起来就很不光彩。因此当演员的仅限于为生活所迫或家中原本就有以此为业的人。如今，这成了令人尊敬的职业之一，所以现在想进入电影界大概不会有任何障碍了吧。如此看来，环境对那些今后想要成为电影人的年轻人而言可谓优越，因此我们更应当不辜负社会的期待，继续努力工作。

眼下正月将近，周围越发忙碌起来。为了商谈下一项工作，我也在三四天前到了汤河原。与往常一样，这次也是与野田高梧一起。我与野田并没有明确的提纲，而是在闲聊中渐渐定下一个方向。山南海北的闲谈中，大致说到以什么样的人、什么样的生活为题材，定下个模糊的目标，接下来才想到加入某个事件等相当于情节的东西。逐渐出现人物对话的片段。然后是主线情节的编排。

接着是台词。按我们的情况，有时第一稿就是定稿。当然这时候要某种程度上先预想着安排下演员，一边想象着演员的气质、个性，一边写。到了实际拍摄的时候，预想的演员安排会发生变化，演员的实际表演也可能与我们想象的全然不同，着实令人头疼。

有人说我对拍摄从不轻易妥协，这其实多是想尽力让演员按预想的那样进行表演。或者，有时即使摄影还行，我也常常坚持"再来一遍"，这时候我想的是"能不能拍出更好的效果？"这都是因为我的贪心。另外，如 A 与 B 的对手戏，会出现 A 的表现很好 B 却很糟，或者相反的情形，这就更加困难了。连导演都这样，若是原作者看到，可以想象其失望程度，因为原作者所想象的人物与演员很难达成一致。在这个意义上，《乱世佳人》中白瑞德由盖博扮演可说是上上之选。这也是我大多拍摄原创剧本的理由。我很不擅长通俗剧。通俗剧的根本在于看着比自己境遇凄惨的人并为之流泪的快乐，所以出场人物多是无知且缺乏常识判断力的人，故事也难免有不自然之处。这可不成。我追求的是自然的东西，即使是想让人落泪也不是去催泪。

拍摄《宗方姐妹》，是应邀根据大佛次郎先生的原作改编剧本，连演员都是定好的。《晚春》则吸取了广津和郎的《父亲与女儿》的构思。两者都与原作有诸多差异，我想这是因为文学与电影有所不同，也是无可奈何的事。记得有一次里见[1]先生看了《晚春》的试映，对结局发表看法说："结局如果拍成：嫁出女儿后的那天晚上，父亲寂寞地独自归来。看家的人离开时，父亲不是从玄关，而是从厨房送他回去。正要进客厅的时候，他突然抬头仰望女儿曾住过的二楼……"非常可贵。这样的批评虽来不及用在这部作品中，却可在下一部作品中发挥作用。

我几乎不使用移动、重叠（在还未消失的画面上叠加另一个场景）、淡入淡出（场景逐渐转暗直至消失，或相反渐渐转亮）等手法。首先，这类手法若非机械设备相当优良，画面就容易变得模糊不清。尤其是重叠镜头，总给人以敷衍的感觉。当然，重叠镜头也有并非敷衍、能够高度表现内容的例子。从前，刘别谦[2]的《回转姻缘》和卓别林的《巴黎一妇人》、最近的《郎心似铁》等作品中，就可见到那

---

[1]里见弴（1888—1983）：小说家，与有岛武郎、志贺直哉等人同为"白桦派"。
[2]恩斯特·刘别谦（1892—1947）：德国演员、导演，曾获得奥斯卡金像奖荣誉奖，因其影片风格独特，而被称为"刘别谦笔触"。

样的例子。但要想模仿很不容易。

再坦白一个我的癖好：我不喜欢拍外景，只要是觉得用布景可行的戏就都放到布景中拍摄。外景容易被天气左右，也很难在众人面前给演员说戏，有顾虑，无法果断行事，到最后外景也拍成了内景。与我相反的是已经过世的岛津保次郎先生，他的内景也拍得像外景。走折中路线的是清水宏，他有自己的风格，外景有外景的特色，布景有布景的风格，导演起来驾轻就熟。

关于音乐，我没有过多的要求，只要是不破坏画面风格，不会与画面不协调的悦耳音乐就行。但是，我也不喜欢悲剧就用悲伤的旋律，喜剧就用滑稽的曲子，音乐叠加上去就太过刻板了。即便是悲伤的场面，有时配以明快的曲子，反而可以增强悲剧感。有过这样一件事，好像是在卢沟桥事变后，修水河渡河战役的时候。我身在最前线，战壕附近有棵杏树正开着美丽的白花。中国军队开始攻击，迫击炮咻咻地打来，机关枪与步枪的哒哒声中夹杂着大炮的轰鸣。枪炮声和风声中，白花优美地飘落。看着花儿，我曾想：也有这么描写战争的手法啊。这也是一个音乐与画面的例子。

我已年届五十，幸好非常健康，喝酒以两三合为适量，不再擅长熬夜，最大的享受是午睡。导演生涯也迎来了第二十七个年头。虽然因为战争有七年没拍电影，但到《茶泡饭之味》为止，作品也有四十四部了。愿今后能尽量长寿，创作好作品。

我是电影的小导演

——中学毕业就如愿进入松竹

一打开电影院的门,闷热滞重的气息就扑面而来。旧时电影院还不叫电影院,称为"活动小屋"。待在小屋污浊的空气里,用不了十分钟就会头痛。即便如此,每当听到揽客的乐声,我就无法从小屋门前过而不入。电影这东西就是有种不可思议的魔力。

我出生在东京,但少年时代是在伊势的松阪度过的,当时看电影入了迷,到后来发展成去看学校禁止的电影。这种行为让我感到一种超出看电影本身的冒险与刺激,于是更加乐此不疲。现在的人可能无法想象,当时的中学生不单看电影,还读《改造》《中央公论》这样的杂志,并与伙伴们讨论。虽然不记得是否读懂了,但我当时读书的欲望的确十分强烈。

大量阅读谷崎润一郎和芥川龙之介的小说也是在那时候,看电影也只看外国片。虽然似乎有些狂妄,但比起外国电影,我很看不起幼稚的日本电影。

在当时,电影只是一路顺着故事情节演,还不能很好地表现人的情感。这时候出现了一部托马斯·H.英斯导演的美国电影《文明》。

当时这部电影被称为"超级巨作"。的确非常精彩,给我留下了难以忘怀的印象。我就是在这时,开始想要当一名导演。

父母似乎希望我去上大学,但我对此毫不在意,完全没有继续升学的念头。简而言之，我就是讨厌学习吧。

其实，我心中有种志气，觉得就算没有上过大学照样能干得出色。就这样，我下定了要当导演的决心。

庆幸的是，我有一个叔父把自己的地皮租给松竹用，因为这层关系，我中学一毕业就进了位于蒲田的松竹制片厂。

现今，如果说要当导演，往往会招徕艳羡的目光，可以引以为豪，但在那个年代，就会被说成是"沦落成了那种货色"。但我对此毫不介怀。父母大概深感失望，但我只关心自己做的事，其余皆置之度外。

进入松竹是在我虚岁十九岁的时候。此前，我记得只看过三部日本电影，这让公司上层非常吃惊。但是，既然已经进了制片厂，就不得不看之前未曾看过的日本电影，于是我只有埋头努力。

想到自己将要拍电影，看电影时也变得一丝不苟，瞪圆了眼睛仔细观察前辈们的导演手法。我还在头脑中拼凑出了一套自己的导演手法，也不轻易模仿他人，向前迈出了第一步。若说固执，那的确是很固执，但我生性如此也无可奈何。所以，我没有称得上是师父的人，只是靠自己的力量坚持了下来。

如果认为导演的工作就是拿着话筒对明星们颐指气使的话就大错特错了。导演必须熬夜构想摄影顺序、场景构成，其工作的繁重程度单从一旁看着就足以令人身体消瘦了。然而不知不觉间，我从中体会到了创造的乐趣。天生不服输的强烈个性让我无论遇到何种障碍都不会气馁，成了一名自立的导演。

那天那时

那是很久以前的事了。我的《我出生了,但……》入选十佳[1]第一名的时候,听说松竹上层的某位干部对当时负责《电影旬报》的田中三郎说:"让那部片子当上第一名怎么成?那片子根本招揽不到客人,要表彰的话该是衣笠君的《忠臣藏》吧。"

现在若是名列十佳,别人至少还会表示祝贺,而当时不过如此。尤其是被影评人褒奖的片子,若不能揽客,身价就不高。所以就算从影评人那里获得十佳,在公司也得不到一点好脸色,反而被说成是"那个家伙成天讨好影评人,不把观众放在心上"。每逢自己的片子入选十佳,我在制片厂就很没面子,总觉得歉疚,没法跟厂长打招呼。比起当时,日本电影进步了,观众的眼光也高了,这大概是《电影旬报》十佳的功劳吧。拍电影反倒也成了相当辛苦的工作,要耗费更多的心思。变成宽银幕彩色片后,拍电影就更不容易了,已经不能像过去那样一年拍七八部片子了。

十佳的评选方法虽有各种问题,但也综合了数十人的看法,总的说来应该是准确的,只是严格地决定先后顺序会很困难吧。我常常也会难以理解自己的作品为什么会当选第一名或第二名。不过,那也无可奈何。

---

[1] 即日本《电影旬报》年度十佳电影。《电影旬报》是日本最古老的电影杂志。1924年起,每年由编辑们统计票数,选出年度十大佳片,是日本历史最悠久最具权威性的电影奖项之一。

我好像上了年纪

我并非抗拒什么才坚持单身生活，只是无意间持续至今而已。我对女子的看法跟世人差不多，也有喜欢与厌恶，对日式发髻还是短发、烫发也没有要求。从秉性上来说，我想我比起清水宏之流更具备为人夫的资格，可是清水早已结了婚……实在不可思议。这是玩笑话啦。说来在整个大船制片厂，导演单身的只有小津一个，副导演里结婚早的人甚至都已经有两三个孩子了。

虽然我被议论说"连婚姻生活都不了解，居然能描绘中年人的生活和婚姻的倦怠"等，但是，如果没体验过就无法表现的话，那我岂不是也得去做小偷、杀人、通奸才能表现那些事？对这类问题发表感慨实在无聊。之所以转而拍摄描写这类心境的片子，最初是因为我对早先时候成天被安排拍喜剧感到厌倦，想给片子添点味道。其实也就是从《公司职员生活》前后开始算是渐渐有所收获。非常轻松地就做好了。不就是这么回事儿吗？但是，单身也有诸多不便……

家里有母亲，年纪才六十出头，精力十分充沛。着装建议、选购、指点佣人洗濯衣物等，她都一个人承担了，所以生活上并无不便。婚姻生活的快乐、对拥有子女的向往等，因为我哥哥家有两个孩子，所以我能理解。总之，只不过是我身为次子，自由自在，不知不觉间独身至今罢了。若在过去大概要看家人脸色或找个人家，做倒插门女婿。

这么想来，我也不禁露出可爱的酒窝，讥诮地笑了。这种可爱在女演员中，尤其是饭田蝶子、吉川满子这样的中年帮里颇受好评。

在世人看来，我好像显老。关于这一点，请大家尽管误会才好。但我觉得自己好像上了年纪，因为前不久斋藤达雄批评我的工作方式道："你当年真是个暴君呢！"虽然有固执、拖沓这类风评，但我在不觉间似乎已经不像往日那般精益求精了。我非常抱歉，有必要再加油了，对吧？单身就要有个单身的样子嘛！怎么样？

我行我素

我进入电影界是在大正十二年（1923年），至今三十六年了。想来居然能在这个行业里保住饭碗，真不容易。若是在普通公司，去年我就该退休了。我还获得过许多奖项。你问我入行的动机？就是"喜欢电影"。过去，只要去看电影就会受到停学处分，但我还是戴上鸭舌帽偷偷跑去，沉迷在道格拉斯·费尔班克斯、珀尔·怀特等人的电影里。因为原本就没有勤学之志，所以我才当了导演。电影行业在当时被认为是游手好闲之徒的去处，进这行简直像堕落一般。而如今，连进入电影界都变得很困难。我这么没常性的人居然能在一条路上走三十六年，大概也是因为感到要对自己所做的选择负责。

1927年，我以《忏悔之刃》当上导演。这是一部古装片。因为翌年古装剧部门就从蒲田搬往京都了，所以我就只拍了这一部古装片。不过，我也想尝试拍一部有真实感的古装片。现在的片子都中规中矩的：贵族老爷一出场都是月代头，剃得溜光，好像从《枕草子》里走出来似的。就算是贵族老爷，也有因为伤风感冒没剃头，或者剃得不小心，贴着膏药出场的时候吧……

《浮草》是我的第五十部电影，与我入行的黎明期比起来已大不相同。话虽如此，我们这行靠的是技术部门的协力，得仰仗外力。我的风格已经形成，但我认为拍电影没有文法可言，所以非常欢迎法国新浪潮。我想说：多多涌现一些富有个性的新导演吧！

五十部作品中，没有一部作品是抱着"要拍部失败作品"的初衷拍成的，所以你问我"得意之作"是哪一部，我也没法回答。今后只要身体健康，我就还会喝着喜欢的酒，继续拍"小津调"的电影吧……

拓宽世界的影片
——回想《心血来潮》

这部电影拍摄于默片时代末期，把我一直以来创作的平民题材进一步发展，是一部致力于开拓新境地的作品。

因为我厌倦了日本潮湿忧郁的生活，于是想把我的世界果断地拓展得现代一些。不论牙膏还是香皂,所有小道具都用舶来品,或是住在西式饭店里写剧本。现在想来,那时其实就是摆了一副时髦的架势,但却是在尝试用默片追求与有声片同样的效果。

且不说收效如何,我希望使浮世绘看起来像铜版画。但愿各位领会我这勃勃野心。

我的癖性

我喜爱并尊敬洗练的志贺文学,与志贺直哉[1]先生也十分亲近。文学与电影自然不同,但我希望能够以严密简洁的画面风格达到那种境界,创作出电影的洗练与完美。

不时会有人让我去偶尔拍部不一样的作品,我就告诉他我是个"豆腐匠"。你叫一个"豆腐匠"去做"咖喱"或"炸猪排"什么的,当然不可能做出可口的食物。这部名为"早春"的作品,剧本还有三分之一就将完成,预计七月左右开始拍摄。

虽然我没什么值得一提的癖性,但我的想法总是以人和为首要。

从作品来看,大概会有人觉得我性格沉闷,但我也有如喜剧般开朗的一面吧。

---

[1]志贺直哉(1883—1971):日本小说家,"白桦派"代表作家之一。作品有《在城崎》《佐佐木的场合》等。

我与《电影旬报》

我开始读旬报大约是在三十年前吧。总之,迎来创刊四十周年是件值得庆贺的事。一份电影杂志持续了四十年,在世界范围内大概也属罕见。我向来珍视旬报,正是因为这番壮举,十四五年前的影片,若想知道故事情节,翻出旬报来查找,其中就有刊载。我觉得这非常难得。在不重视评论的时期,这一点可以说是旬报的特征。希望今后旬报也能重点发扬这个长处。

说到《电影旬报》,就会想到近些年日益隆重的十佳评选。这项活动早先不知是否因为评委过于忠实良心,入选十佳的作品票房成绩都并不理想,所以在放映公司看来没太大价值。最近由于公众媒体的发达,十佳的宣传也做得十分到位,入选十佳的影片在票房上也逐渐趋于一致。以我为例,相对算是多次入选十佳,在以往特别困扰。三年连续入选十佳第一名的时候,我心里很想找个地洞钻进去。因为在公司,我被说成是"尽拍些想要当选第一名的艺术品,却都是些不赚钱的电影"。

此处即栖山

我母亲明治八年(1875年)出生,育有三男二女,我是次子。

其他兄弟姐妹都已娶妻或出嫁,余下母亲和我,两人生活已二十多年。

或许因为我是单身,在我这里住着舒坦,又或许因为对我放心不下,反正我们两人安闲地过着日子。

母亲早睡早起,而我正好相反,所以即便在家也很少一起吃饭。

直到去年前后,母亲依然十分健康,一个人从做饭到开关套窗、为我收被铺被都亲力亲为。从今年开始,她有些疲倦了,于是请了帮佣。这也正常,毕竟她八十四岁了。我由衷觉得人也是可以干着、干着、继续干下去的,五十五、六十岁就退休太早了。

我现在住的房子地处北镰仓高处,进出都有坡,所以母亲极少出门。她似乎觉得这里就是她的楢山[1]。

年轻时的母亲是高个子,即使到了现在的年纪,也算是个高个子老太太。虽然没有试着背过她,但想必很重。

> 背负老母亲,
>
> 沉重不堪眼泪流,
>
> 行往楢山去。

如果这里就是楢山,她一直住下去也好。无须背她上楢山,我也是得救了。

---

[1] 楢山:深泽七郎著有小说《楢山节考》,描写了日本某地旧时因无力抚养老人,一定岁数后老人自愿到荒野(楢山)等死。该小说曾分别被今村昌平、木下惠介改编为电影。

# 电影无"文法"

电影无"文法"

我进入蒲田制片厂开始学拍电影是在大正末年，正逢所谓"活动写真"[1]终于初具"电影"规模的时候。当时，电影这东西将来究竟会是个什么样还不清楚，但我们这些年轻人从早到晚都在为电影争论。喝了酒谈论电影，去了电影院也在黑暗中拼命往心里记笔记。如今看电影只不过图个有趣，但在那时候看的却是场景在哪里切换、用的什么拍摄方法之类的，所以并不觉得有趣。

就在那时候，维克多·弗里伯格在美国出了一本《电影制作法》。这本书翻译后，引起了很大的轰动，但不过是些"电影中有文学要素、绘画要素和音乐要素，所以电影是艺术"之类平淡无奇的本质论。现在想来，这书只是把不值一提的事故意往深奥里写而已。一块魔芋，酱油入味了，糖也放得适度，一点点辣椒很提味，所以很好吃，这书

---

[1] 活动写真：明治、大正时期对电影的称呼，大正末期才逐渐转变为"映画"（电影）。

的内容大概与此类似。

但是，这位弗里伯格的《电影制作法》引起轰动也在情理之中。直到前不久——我的前辈们的时代，也就是"活动写真"时代，主人公的名字，女的一定唤作花子，男的则必定名为武夫。若是外国电影，则是玛丽和罗伯特。记得好像是清水宏，想了一个片名《泪涟涟的玛莉亚》，公司上层却说："玛莉亚是西洋女子嘛，那就改成《泪涟涟的玛丽》吧。"玛莉亚变成了玛丽，情形可大不一样。还有《道顿堀行进曲》流行那会儿，要翻拍蒂蒂尔、米蒂尔的《青鸟》[1]时，有人提意见说"青鸟"感觉空落落的，还是叫"青鸟，赤鸟"吧。当时的风气就是如此。现在想来，那时一定也有可贵之处，实在是个快乐的年代，然而也是与艺术绝缘的年代。

当时，令我看过后深为感动的电影中有刘别谦的作品。此前的电影只是坏人与好人你追我打。虽然结局总是好人得胜，不过情节都是貌似要被坏人打败、双方争斗，背景是西部城镇或落雪的阿拉斯加。故事都差不多，只不过是背景不同。刘别谦的电影却向前迈进了一步，刻画出人的感情、心境，颇能打动人心。对现在的人来说，这也许并不值得惊奇，但在当时确实是了不起的革命。因为尚处于默片时代，既无对白也无独白，但影片中的哀乐悲喜却直逼人心。而且，不是单纯的悲伤，而是笑中带泪的、复杂而微妙的情感。这在刘别谦、卓别

---

[1]《青鸟》：诺贝尔文学奖得主、比利时剧作家莫里斯·梅特林克的六幕戏剧作品，1940年曾由沃尔特·朗改编为电影，秀兰·邓波儿主演。蒂蒂尔、米蒂尔是作品主角。

林、蒙塔·贝尔等导演的电影中都有。

自那以后,这种世故开始时常出现在电影中。再一次因此进步的电影,就发展出了像文学那样描写人性、刻画性格等主题。电影还可以追求文学无法表达的电影专有主题、社会群体的动态、记录性的动人力量,不过又是很久以后的事了。

有些年轻时看了深受感动的电影,后来再看时,却意外地感到无聊,这种体验时有发生。大概因为初看时的印象在记忆中升华、美化,在脑海中渐渐成长,变得与电影本身不同。被称为"有声电影初期杰作"的《摩洛哥》就是,数年后再看,以为是特写的场面实际是固定镜头,冗长拖沓,全然是另一种印象。就像芥川龙之介小说中的《秋山图》,我虽然不是其中的主人公,但常常有多年后再看以前激赏不已的作品,觉得当初简直像被狐狸给迷惑了这种事。大概是因为观看者的审美意识、环境、时代感受等都发生了变化。毕竟电影这门艺术的结构发展日新月异,《秋山图》式的感觉也因此尤为强烈。

美国著名导演格里菲斯首次使用特写镜头已经是很久以前的事了。其实这并无特别之处,不过是把歌舞伎所用的"面明"[1]表演方法更大胆地用到了电影中。虽然只是把悲伤时握紧手绢的手巨大化呈现,但这在当时可谓令人惊叹的新颖手法。不久后,随着摄影技术的

---

[1]面明:歌舞伎等传统戏剧舞台上,演员亮相时,特别用蜡烛照亮其面孔。

进步，特写镜头已经可以拍出表情的微妙变化，在感情表露的高潮部分用特写也成了一种"文法"。

然而，我认为，在悲伤的时候，为强调悲伤而特写未必就有好效果。毋宁说，有时过于悲伤反而会造成反效果。所以，如果遇到这种场面，把镜头拉远，反而更能避免把悲哀强加于人，不加说明至少可看作一种表现形式。而且我有时在不需强调的场景中也会运用特写镜头，因为拍远景时背景宽广，处理会很麻烦，于是为了消去周围而使用特写镜头。我认为特写镜头也具有这种效用。另外，特写还能用于调整叙事节奏等情况。所以，我觉得，把格里菲斯式的特写看作电影的一种文法似乎太过狭隘。

这种文法式的观点，并非始于特写镜头。在日本，电影开始被作为产业看待的时候，栗原托马斯从美国来，传授了各种各样的电影技术。那时被当作文法接受的东西，似乎就是金科玉律般的电影文法论的开始。

比如，有这样的文法。拍摄 A 与 B 正在对话的场景，轮流拍特写镜头时，摄影机不能跨越连结 A 与 B 的线。也就是说，必须从与连结 A、B 的线保持一定距离的地点拍摄 A 的特写。这样画面中映出的 A 的面部朝向着左边，而 B 在画面中就朝向着右边。两者的视线交汇于观众席上方，这样才呈现出对话的感觉。如果跨越了连结 A、B 的线，就绝不能称之为对话。

然而，这条文法在我看来，难免有种说明性的、牵强的感觉。所以,我向来不予理会,只管跨越连结A、B的线来拍特写。这样一来,A朝向左边,B也朝向左边,因此双方视线并不交汇于观众席上方。即便如此,依然可以呈现出对话的感觉。

采用这种拍摄方法的人,在日本恐怕只有我。在全世界,恐怕也只有我一个吧。我这么做已经快三十年了。因为拍摄方法不一样,所以我的朋友们——已经故去的山中贞雄[1],还有稻垣浩[2]、内田吐梦[3]等人,总说我的电影不容易看懂。问他们是不是一直到最后都不容易看懂,他们又说不是,说只是最初的时候,随后便习惯了。所以在拍远景的时候,只要把A、B的位置关系交代清楚,之后从哪个角度拍摄都没关系。观众席上方的视线交汇似乎并不是那么重要。所谓的"文法论"显然牵强,受其拘束未免太过死板。难道不应该是更加自由地拍电影吗?

日本每当引进某种新技法,立即作某某理论看待,将之"文法化"。这是为什么呢?比如淡入、淡出。为表示一天结束,就必须用淡出转暗,否则日子就"过不去"。或者在画面开始时必须用淡入。在过去,也曾使用圈入圈出的手法,以圆形的扩大或缩小来进行。

但这些手法并非电影创作者的构想,只不过是摄影机器的一种功

---

[1] 山中贞雄(1909—1938):日本导演、编剧,发展古装剧(时代剧)的重要人物,拍摄有二十六部电影,大多毁于二战,仅《人情纸风船》等三部作品留世。
[2] 稻垣浩(1905—1980):日本昭和时期的著名导演,作品有《宫本武藏》《无法松的一生》等。
[3] 内田吐梦(1898—1970):日本导演,写实主义电影大师,作品有《饥饿海峡》《活的玩偶》等。

能而已。调节快门，按下按键，关闭的部分就会打开，这在画面上呈现出来的就是淡入。

也就是说，有人把只是利用机器的功能就能实现的淡入、淡出，俨然当作了文法。他们煞有介事地谈论这时候该如何如何之类，但实际毫无主见。这根本不是什么文法，只是机器的属性，就好像在书的第一章开始前多加一页纸。

就此而言，我在别人看来，也许是一个非常正统的方法论者，但其实是一个相当执拗的导演。淡入、淡出，还有重叠的手法，这二十五六年来，我一次都未曾使用过。我认为，不用那些手法也可以把意思表达清楚。

的确，因为我本来就是个性格执拗的人，所以成了文法否定论者，但这也是因为在我学拍电影的年代，文法论实在是大行其道。某评论家一副"电影必有文法"的口吻，偏离那套文法的导演方式就被他贬为"不是电影"。翻阅当时的电影鉴赏手册一类的书，里头写着重叠如何如何、运用于某某时候等内容。虽然是写给鉴赏者的书，但一般观众读了以后，一定会想："没有重叠，这导演大概不知道电影的文法。"于是，导演一方会想："那就在这里来个重叠吧。"文法到底是为了谁而存在？实在是令人搞不懂。

我想，文学意义上的所谓"文法"，说来是关系着人生理的一个问题。若是弄错了动词变形，读起来不顺，句子也难以理解。这种生理性的东西必须尊重。但是电影中所谓的"文法"是指导演创作上的某种特殊技术，与观众的生理并没有直接关系。而且，如今的观众眼光也变得相当苛刻。到电影院去看，那些若在过去观众不可能笑的地方，实际上却惹得他们大笑。我们时常也惊叹于观众们非常细微的反应。也就是说，观众这边的电影感觉绰绰有余。一种表现方式被评论家赞誉为符合文法的，但观众是诚实的，这个遵循文法的枯燥画面令他们感到无趣。吸引观众看下去的，是联系着观众生理的电影感觉，而不是技术上的文法。写文章的时候，符合文法的也未必就是好文章。到底还是文学感觉的问题。

说到电影感觉，这也并非难题，其实就是如何在生理上感染观众。如果无视观众的生理，就好像弄错了动词变形一样，只会引起混乱，无法表达。比如前文说到的A、B的对话场面，特写镜头的朝向无论怎么拍，如果不事先交代对话者的位置关系，观众就无法判断，无法融入电影。所以，在这个意义上说，与观众生理产生连结很重要。

最近，我的熟人中有些人在弄八毫米摄影机和小电影。他们要我去看并加以评论。我去看了看，拍的好像是野餐还是什么的一家团圆的情景，但没有团圆的感觉。孩子面朝这边闹着要糖果，母亲却朝着不同的方向递糖果。观看者难以理解片中的距离感和位置关系。若说应该怎么拍才好，每个人一定会各有主张。如果是我，我会首先隔着母亲的肩膀拍摄小孩，然后才是母亲和孩子的特写。

对我来说，基本的电影感觉就是，首先自己这么想，再想如何把这个想法诉之于观众的生理，这就是一切的起点。这并不是什么了不得的事，只要是感觉敏锐的人，无论是谁，一定都会有如此看法。

然而那些刚离开学校，满怀着新鲜电影感的年轻人，进入制片厂，干了副导演近十年后，却发现自己的感觉在不知不觉间被磨灭了，待好不容易独立，当上导演时，已被周遭的气氛同化，对自己的电影感觉不再自信，只好仰赖某些导演套路。就这样，遵从金科玉律般的文法论就成了安全的办法。对文法论，观众早已烂熟于心，而电影创作者们却还无法摆脱，不断重复着陈腐的导演方式，实在是悲剧。

我当上导演在当时算是比较晚的，但也只有二十四岁。还是正贪玩的年纪却当上了导演，不能跟家人一起慢慢吃晚饭，不得不一个人关在二楼为第二天的工作准备，我甚至不禁为自己如此不幸而叹息。比起当时，现在的人想当导演，却很难实现。在长达五年甚至十年的修习过程中，连最重要的电影感觉也被磨灭了。这样的结果令人遗憾。对年轻人同情归同情，但用"文法"来掩盖感觉的枯竭，这种做法对不起掏钱来看电影的观众，考虑到电影艺术的将来更令人心寒不已。据说，最近法国涌现了一批二十多岁的创作者，拍摄了引发争论的作品，这是好消息。我期待日本也有这样的年轻创作者，凭着年轻的感觉创作出新的电影。在这个意义上，我要强调：电影是没有文法的。

电影的文法

写文章有文法，而电影拍摄中也有某种类似文法一样的常识。如果把这些也称为文法，那我认为电影无文法。我觉得，那些所谓的"电影的文法"，其实绝不是严格意义、正确意义上的文法。所以，我想说：不要被文法捆住手脚。

关于拍电影的常识，有如下说法。假设现在这里要拍摄一男一女面对面对话的场面，轮流拍摄两人的镜头时，摄影机不能跨越连结男女两人视线的那条线。更具体地说，如 A 图那样，拍摄两人对话的场面时，摄影机首先从①的角度拍摄男人，这样拍摄出来的画面上男人的视线从观众席来看就是略微朝向右方。接着从②的角度拍摄女人，拍摄出来的画面上女人的视线就略微朝向左方。所以观众最初看到望着右边的男人，然后看到望着左边的女人，由此得知两人互相面对面的情形。在拍摄面对面的两个人物时，前后两个镜头中摄影机的位置不跨越连结两人视线的那条线，而是只从线的一方拍摄，这就是常识，就是铁律。

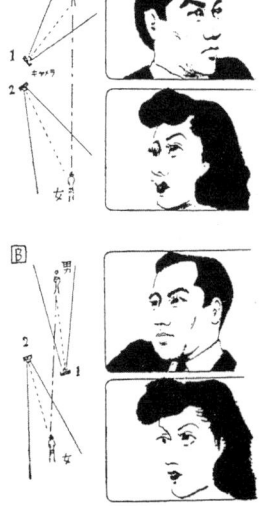

然而，我的拍摄方法是先拍摄望着左边的男人，接着又拍摄望着左边的女人。看着这个场面的观众（当然也包括我在内）完全可以自然而然地认识到两个人物面对面的情形。这种拍摄方法无视了所谓电影的文法，若要说明理由，请看 B 图。

首先从①的位置拍摄男方，接着从②的位置拍摄女方。拍摄出来的画面中男女都望着左边，也就是说摄影机跨越了连结两个人物的线进行了拍摄。这显然违背了文法。

使用这种拍摄方法的导演或许有，我每次看电影都注意观察，然而直到现在，我调查了一百多部电影，发现唯有在一部莫里斯·都纳尔导演的法国电影《隐秘的春天》中，虽然只是一瞬间，但有一个场面采用了同样的拍摄方法。

此类电影文法是当初栗原托马斯从美国归来时对年轻的电影创作者们的告诫。自那以后，便在日本的电影创作界传播开来。我的旧作《独生子》试映后，在内田吐梦、稻垣浩、清水宏、泷泽英辅[1]等导演聚集的宴席上，就这种违背文法的拍摄，我曾听取过他们的意见。稻垣浩曾说，只是在刚开始的时候觉得奇怪，后来就习惯了。那以后，我也从未因这个问题受到过质疑。

不能跨越这条线的规矩如果是不成文的定律，那么违背了这条不成文的定律，应当会产生某种破绽。既然没有感到任何不自然，这就

---

[1] 泷泽英辅（1902—1965）：日本剧作家、导演，以"二战"前京都的剧作家集团"鸣泷组"闻名。

说明这个规矩绝不是一条不可改变的定律。

但是在这里不要搞错：电影的文法毕竟是常识，沿袭常识更稳妥，所以也没有必要特意去打破常识。我之所以故意违背，最初是因为日式房间中人物与背景的关联。拘泥于上述常识的话，就会对此感到一筹莫展。为了自由地表现该场合的情感与氛围，我才去打破常识。

在日式房间里，人物就座的位置几乎都是固定的。而且，房间就算有十张榻榻米大小，若人物之一的背景是壁龛，那么另一个人物的背景就只能是隔扇或走廊。这样的条件下，无论如何也无法表现我想要的那种场景氛围。因此，我在所难免地开始尝试违背"文法"，一旦尝试了就知道那并不是文法。

另外，从前，特写被说成是为了更细致地描写或强调某种感情的技法。但强调戏剧效果有两种方法，一种是应当用特写拍，另一种则是用远景。放到摄制现场具体点说：假设有副导演按照通常文法，把特写看作是表现剧中感情最高潮的技法，那么当导演接二连三地拍了特写镜头，副导演就会想当然地认为那些特写就是导演心目中最高潮的部分，为接下来的重要场面该怎么拍伤透脑筋。副导演认为也应当以特写拍摄的高潮部分，导演却把摄影机往后退，拍摄远景。这样一来就让人一头雾水了。直到试映，他们往往都无法明白导演的意图。

虽然拍摄这种特写的时候也是如此，但在电影中，这关乎"省略"这个最重要的问题。

省略——比如表示时间流逝时，初期的技法是从淡出到淡入，更正式的还有出现时钟或日历等。如今,这些只需用剪辑就能充分体现。

然而,"省略"并非只是这类字面意义的省略,或可说是戏剧情感的节奏,或可说是详略。为了使某个部分更加细腻并给人留下深刻印象,用什么方法省略其他部分有着重要的意义。不只是外在的省略,也包括内容的省略。以绘画打比方,就是疏略地描绘某个部分从而使仔细描绘的部分给人以更细腻的感觉。电影也一样。电影中的省略几乎可以说是把握电影生命的关键。我认为运庆[1]、湛庆[2]的画、芭蕉的俳句等堪称极尽了这种省略。

因此,觉得用远景来表现最贴切时,为了最大可能地表现其效果,在此之前接连运用特写。这里的特写是为了突出远景,并非是它本身要强调什么。对那些像背诵考题般地认为特写就是为了夸张表现某事物的人,我尤其要说说这点。

如果弟弟死了要特写整个脸部的话,那么,哥哥死了是不是要再放大一些?母亲死了就变得只剩下眼睛和鼻子,最爱的恋人或妻子死了的时候,画面中不就只留着眼睛了?这样一来,独生子死了的时候该怎么办?

另外,在演员的头脑中,也会有某种情形下就该做出某种表情之类的意识,认为这样死记硬背的演技就能管用。这样的学习方法也是

---

[1] 运庆(?—1223):平安时代末期至镰仓时代初期的佛像名匠,庆派的代表人物,以豪放的写实风格为特色。代表作有奈良东大寺南大门的金刚力士像等。
[2] 湛庆(1173—1256):镰仓时代的佛像名匠,运庆之子,代表作有京都三十三间堂的千手观音坐像等。

错误的。

我让某位女演员示范丢钱时的悲伤表情,那位女演员做了一个表情。我问她:"你这是丢了多少钱?"她说,暂且做出丢了五十块的表情。于是,我问她,丢失了一百块的时候呢?她又做了个表情。然后是五百块的时候、一千块的时候,她的表情渐渐没有了差别。我开玩笑说,怎么会钱丢得越多反倒没有了悲伤呢?当然,这是我故意作难的玩笑话,但我认为演员的演技也一样:除了自己的感觉外,不可能有真正的"基准"。

我时常这样无视电影的文法。我讨厌重视理论,同时也讨厌轻视理论。也许我是个性情乖僻的人,以自己的好恶来下判断。

我认为,电影比起美术、文学等其他艺术,还只能算是个小小的婴儿,所以电影应当还未形成文法之类的东西。我不喜欢拘泥于文法,被知识捆住手脚。再者,电影的文法如果真是伟大的、不成文的定律,有如浑然天成的法则,那么现今世界上的电影导演只需十人就足够了。

就像文学家创作文学作品时不拘泥于文法一样,拍电影时,我同样也不想拘泥于电影的文法。我认为电影有感觉而无文法。

电影制作一考

电影导演最不安、最容易被焦躁折磨的时候,是从开始到电影完成迫在眉睫的这段时间。但是这种不安和焦躁当然也会因为"制作更好的电影"的愿望而在某种程度上消解。

要说最欣喜的时候,则是经过苦心惨淡的努力终于剪完了底片到看到试映的这段时间。恐怕再没有比试映获得了好评更高兴的事了。所以,我现在正在拍摄的《东京合唱》,刚好处于不安期。这部电影的内容简直可以说就是为我而作,与我的喜好十分投合,主演冈田时彦以及斋藤达雄又与我相熟,心情越发一致,配合绝对默契。

与前一部描写浪漫主义极致的作品《美人哀愁》相反,这部《东京合唱》则是朝向现实主义的极致。到底哪一部更契合现今社会的喜好,我想可以做个有趣的研究。我对现实主义的心境描写略有自信,也在考虑拍一些既有趣又可以形成体系的佳作。我始终持分镜头剧本第一主义。为了拍出称得上电影式的电影,我时常为分镜头剧本绞尽脑汁。在这部《东京合唱》中,我正在为贯彻自己的信念而努力着。

现今,电影已经百分之百地占据了大众娱乐。我认为必须形成系统的电影学了。抱着那种把电影当作揽客买卖,认为只要能赚钱,内容、结构无关紧要的看法——即所谓拉洋片师傅的劣根性——来评论、评价并制作电影,这种做法最让我心寒。

现如今已经要求电影有明确的理论手法。至少,我在制作电影的时候就留意着这一点。如果这样能有助于提升日本电影,我会感到光荣的。为使《东京合唱》成为这一契机,我正在努力中。

日本电影的国际化

我希望芬克博士的《新土》[1]能早日完成。因为这部作品是在日本拍摄的首部国际电影。以此为契机,我想今后电影创作将日趋国际化。由于我国向来没有大资本的电影体制,难得的想法无法立即付诸实现。我想说,促进电影国际化的努力应来自方方面面,并不应单纯只是出于介绍日本固有艺术的狭隘目的,而是通过电影,将日本的风俗、人情、文化等艺术化地加以介绍。虽说是有声时代,也许有人认为语言的不同会形成障碍,但是从外国电影吸引我国观众的情形来看,不必太过担心语言问题。只需考虑竭尽全力磨炼我们的技术。没有技术,就无法指望日本电影的国际化。现在的日本电影确实已被逼入了世界的一角。难道现在不是应该开始向着世界水准迈进吗?我寄望于提高日本电影的质量。然而如前所述,首先是经济问题,为此还

---

[1]《新土》:1937年上映,阿诺德·芬克(Arnold Fanck)、伊田万作导演,原节子主演的德日合拍电影。

要寄望于有良知的企业家。我国常设电影院的门票向来过于便宜。关于这个问题,我想是否应当想点办法以惠及电影制作。

电影式的

到现在为止,我还不曾改编过文学作品,几乎全部是原创剧本。

比如有一部优秀的小说,令我深受感动。对我来说,这感动并不会成为我将小说改编为电影的动机。那完全是另一回事。试着将感动在头脑中置换为电影,那么文学作品与电影的差别会将这种感动变成另一种东西。

若会变成另一种东西,那么这小说不改编也罢。由感动而诞生的原创作品将会更大程度、更准确地合乎自己的想象,拍摄心情也更轻松,至少不用踮起脚尖勉强为之。若是无聊的小说则另当别论。

例如《春琴抄》。改编成电影的《春琴抄》与小说完全不是一回事,非常无趣。材料的确是一样的,由此衍生出的内容差、电影改编的新鲜感、电影创作者高涨的热情都受到了好评,可到头来电影越发显得狭小。可不能把谷崎润一郎与岛津保次郎的差别,就那么当成文学与电影的差别。泉镜花作品的改编电影,即使拍出了原作的味道,那也只不过是导演应有的技巧。

我想再一次从电影中看到电影,即便是过于电影式的也不错。

以上谈的是我自己,其他人我不清楚。

无须明言的事

谷崎润一郎有一本叫《文章读本》的书。

对于不论是懂文法还是不懂文法的家伙而言,这本书在文章写法上确实是宝贵的参考资料。其中有些话可以原样搬来作为剧本写法的定则。

文章与剧本的写法原本就有差别,因此要先注意电影的特点。这点上,志贺直哉的《在城崎》[1]堪称范本,乃剧本写法上的名篇。

从技艺纯熟的作家的小说里,从其小说的结构中,可以得到各种创作上的启发。

电影语言技巧——

为使电影更加具备电影的特点,在运笔、语气、措辞等方面,不妨有"语言技巧"存在。但这种技巧不能用作敷衍剧情。

若为进一步增加电影所具有的电影式的兴味而灵活运用"语言技巧",倒也算是无愧于"语言技巧"的用法。但是,应该绝对排斥把

---

[1]《在城崎》:志贺直哉发表于1917年的短篇小说。通过细腻地描述几种小动物的死亡过程,反思生与死的意义,"心境小说"的代表作。

"语言技巧"作为方便应付剧本结构的某个部分、逃避描写的一种手段而使用。

这种用法将会把电影的发展完全引向邪路。

我对默片电影并没有恋恋不舍。

有人似乎认为,我对默片电影恋恋不舍,这实在令我感到困惑。

只是直至今日,我恰好都没有拍摄有声电影的机会而已。只要有机会,我很乐意参与有声电影的拍摄。

我想,默片电影的寿命已经不长久了。

如果有高人出现,在其表现手法、结构上进行根本性的改革,情况可能还会有所不同,但从现状来看,默片电影已走上暮色苍茫的衰亡之路。

有声电影的出现并非偶然。

剧本内容首先应具有电影特色。

对一部电影的结构而言,它应当是"地基",不应该有除此之外的其他意义。

对作为"地基"的剧本,有些人与其说是写成了"地基",倒不如说是写成了"故事书"。

先不说这类剧本作为单纯的故事书怎么样,实际在作为剧本使用的时候,累赘的形容词太多了。

在文学性太过(这可以参照《文章读本》中的负面例子)、形容词累赘的剧本所拍成的电影中，肩负身为编剧的名誉，内心难道不会空落落的吗？

为了什么写剧本？这是最重要的事。

不论导演的技艺如何拙劣、如何未能呈现出编剧的意图，在嘲笑导演之前，编剧自己需要三省其身。

那之后还要嘲笑的话，我会将之看成是编剧的一面，敬请随意。

我的知己中有野田高梧，有池田忠雄。

在剧本上的精进，我可以说是幸亏有了常年的知己。

明星制度的滥用

作为电影制作上的一种策略，明星制度早已开始使用。从美国的电影年鉴来看，一九四七年的吸金明星是谁谁谁，一九四八的又是谁谁谁，这些都由全国电影院的经理们投票得出。有个时期，秀兰·邓波儿等人在数年间一直占据着首位。也就是说，这种以票房收入水准来衡量明星受欢迎程度的方式在电影制作上拥有非常大的发言权。

说来，明星制度也源于此。在我看来，只要电影是民营，明星制度也是自然而然的事。换句话说，既然普通大众给予明星的这种"人气"形成了电影作品的巨大吸引力，那么除了特殊情况外，我想不太可能有不利用之、反而背道而驰的电影制作者。本来明星制度在电影诞生之前就已存在于东西方的戏剧中。比如，我国的歌舞伎中，这个特点就尤为明显。电影也是戏剧的一种形式，需要演员，也处在与戏剧非常相似的环境之中，明星制度就应运而生。然而，来自传统、历史差异的影响非常明显，从实质来看，电影、戏剧的明星制度有着相当大的差距。

电影的情形是，明星可能产生、出现在任何地点，可能从任何一处出现。这一点上相当开放，没有局限，可以因为脸蛋、气质类型等任意方面成为明星。但只凭这些，一旦拥有了明星地位，他们大多忘记磨炼演技，容易沉浸在自己独得天下的错误观念中。而在戏剧的世界里，要升至主演级别，需经过相当长的阶梯式升迁以及长年累月的练习时间，很难轻易出人头地。尤其是在歌舞伎的世界里，封建色彩极其浓厚，演员受家世、门第传承的制约，无法自由成名。而另一方面，这一缺陷却使演员精进之心非常强烈，在成为一名合格的演员之前他们都经历过艰苦的修习。成为独当一面的明星时，他们的演技也已经成熟。

我认为，这一点与电影明星相比有着显著差异。这一点上，我能感受到明星制度在戏剧中的长处，然而就电影来说则令人不安。

我并不是说，演技不成熟就不能当电影明星。那样的话，银幕上将永远不会出现年轻明星的身影。电影与戏剧不同，常常是即便演技不成熟也可能成为明星，比如现今的秀兰·邓波儿即是如此。而我想说的是，即便这样，我期望各位明星们也不要因此放松，沾沾自喜是危险的。

想来，所谓明星，在这个世界上其实是一种挺有趣的存在。尤其是电影明星，如前所述，他们并非因为演技纯熟而受到世人的热捧。比起演技或才艺，毋宁说是他们自身所具备的气质、天生的容貌受到了大众的欢迎。换言之，当明星与生俱来的气质、容貌迎合了时代口味，与大众的憧憬一致，恰好符合了现代人的审美观的时候，就会聚集恐怕明星自己也不曾预料到的人气。

当然，那绝非是对优秀艺术家的尊敬，只是一般大众的憧憬、喜好。他们是魅惑的偶像。电影公司则正有心利用这种人气，因为通常来说，看电影的一般大众对电影的主要兴趣也在于此。明星身上散发出的那种无法言传的魅力吸引着人们。那可能是一种纯情而令人怜爱的美，也可能是一种妖艳妩媚的美，或是哀婉动人的美；或是爽朗明快的男子气概，或是美男型的和善；有时还会是散发着知性的洗练美，或是野性的力量，或是颓废的象征等等。总之，任何一种通常都各有拥趸。

在《安城家的舞会》等接连几部作品中，森雅之大受欢迎就是如此。《酩酊天使》的三船敏郎突然间受到世人瞩目亦然。若用极端的说法，这更接近于大众的偶像崇拜。

可是，对于导演，这种明星中心的制度又如何呢？就我而言，我并不想否定这种制度。虽然过度的明星制度令人困扰，但我认为，在一定程度上重视明星是应该的。简而言之，因为明星出演的作品在票房上有了一定的保证。话虽如此，我并没有依赖明星的想法。即便没有明星，我也有做好工作的自信。但是，有明星也绝不是障碍，反而更方便，为我助力不少。在这个意义上，倒不如说我是欢迎明星的，尤其是演技纯熟、理解力强的明星，我会非常乐意合作，一直以来也在合作。我困扰的只是被强迫使用只凭一时的票房价值诞生的明星，如果是素质优秀的明星就没事。

明星的生命力多为其演技的高低所左右。不论多么符合时代的喜好、赢得世人喝彩的明星，如果缺乏演技，不知不觉间将逐渐为世人厌倦。对演员来说，最重要的是演技、才艺的力量。且不说明星，所有的演员，技艺精进都是不可或缺的条件。但放眼现在的日本电影界，认真努力地想做到这一点的究竟有几人？状况着实令人担忧。

大部分明星都安于现今的人气，把技艺的修习搁在一边，忙于商定片酬，来回奔忙在各公司之间。实在令人遗憾。

导演因人而异，也有不太喜欢用明星的人。他们避开现成的明星，选择有实力的新人。在这种工作中，导演必须有坚定的自信和规划。票房上冒大风险的概率也较高。然而一旦成功，就会成为风味前所未有的划时代作品，导演也将达成他的野心，所以作为工作来看，的确非常有趣。清水宏的《蜂巢的孩子们》就是修成正果的好例子。

不愿使用现成明星的导演大体说来，似乎多为具有半纪实倾向的人。我想原因之一是，这种影片由于作品性质的关系，明星一出场往往会破坏真实感。这类作品需要如实反映出半纪实影片所独有的那种鲜活、不使用布景、宛如事件发生现场的氛围。在这类作品中，出场人物若是平日在银幕上已为人所知的明星脸蛋，情况就糟糕了，所以还是尽量选观众不熟悉的演员，并依着这个目的来安排演员，创造出真实人物般的感觉。我认为，《不夜城》[1]的成功就归功于其企划得到了滴水不漏的实施，其中的演员除了巴里·菲茨杰拉德之外，其他都不为我们所知。

因此，在半纪实电影中不能用当红明星。但这并不是说，明星就一定不适合半纪实电影。根据角色不同，明星有时也很必要。但按照惯例，提拔新人的情况会较多。不管怎样，半纪实电影应该以导演为中心，与明星制度关系不大。

话题再回到明星。我认为，没有考虑如何培养明星是现今日本电影存在的问题。为了用现成的明星拍电影，到处都在虎视眈眈地搜寻，上演着激烈的明星争夺战。那些毕竟都是已经能够吸引票房的明星，在培养今后背负日本电影未来的明星这一点上则完全缺乏考虑。照现在这种胡乱的做法下去，必然会出现青黄不接这一令人担忧的事态。估计不出五六年时间，名副其实的明星将会在日本电影中消失。

我想，我们都应该慎重地思考这一点。

---

[1]《不夜城》(The Naked City)：1948年上映，美国电影，朱尔斯·达辛(Jules Dassin)导演。

在这点上，过去大船制片厂的厂长城户四郎别具慧眼，他甚至被称为"明星制造能手"。他对明星培养实在有先见之明和高超的手段。他通晓从新人中培养明星，助其成名的诀窍。当时，别的公司经常从大船把明星挖走，但不论他们挖走多少，这边都不会有缺损，大船总能泰然处之，并源源不断地培养出新的明星。我想这样的手腕是值得佩服的。在提拔新人的时候，似乎通常是把这个新人与当红的明星搭档出演。这是上策，比单独推出新人更安全，也能较快获得人气。秘诀在于比起招人恨的角色，一开始最好是出演惹人同情的角色。尤其女性，更是如此，最好是大明星所扮演的主人公的妹妹或伙伴。在观众看来，那是自己喜欢的主人公（大明星）的同伴，于是对新人也有了好感。这样重复多次后，观众便开始喜欢上新人，情况大致如此。

城户制作人用这样的办法，推出了新的女影星。从栗岛纯子的妹妹这样的角色开始建立起今日地位的影星不在少数。除此之外，城户制作人还会向导演提出要求，把新人安排在适当的位置，导演也欣然接受。然而，若是现在，导演大概不会轻易接受这样的要求。与过去不同，导演成了合同制，每一部电影都只能成功不能失败，所以，在自己打算之外的，导演都不愿冒险。为了保证票房成功，就要尽量用现成的明星。这也是难以培养出新明星的原因。

从上述情况来看，我想应当关心明星的培养。要是到最后没有了后续部队，电影企业将失去最有力的东西。对明星制度的存续，我没有太多的留恋。但是，想象将来明星身影寥寥无几的日本电影，我会感到非常寂寞。

性格与表情

只有擅长表情这个优点的话，我认为是不行的。能巧妙地做出悲伤的、喜悦的表情，也就是说，面部肌肉动作灵活。这一点非常简单，但只有这一点却是不成的。

日本现在的电影演员绝不缺乏表情。虽然日本人常常被说成是面无表情，但我认为，至少比起美国人，日本演员并不缺乏表情。但不能因为擅做表情，就说他是有演技的。要我说的话，是不是擅长表情算不上一个问题。

我认为重要的是性格，是把握性格。如果不能在把握性格的基础上表达感情，那是不行的。没能把握性格，只靠流露感情，因此出现了只擅于做表情的演员。只为悲伤而哭，为滑稽而笑的话，即便不是电影演员也能做到。我认为哭哭笑笑的感情表达，最多三四成足矣。

导演不是要让演员如何表露感情，而是如何克制。就像《长屋绅士录》的阿妈那个角色，蝶女士[1]大概有点过多领会了我的要求，而且没有意识到要超越以往阿妈的性格，到更高一层水准。

若说性格是什么，也就是人性吧。不表现出人性是不行的。我想，

---
[1]指饭田蝶子。

这是所有艺术的宿命。感情必须表现，人性也必须表现。即便百分之百地做出表情，也无法体现性格。极端一些，倒不如说表情会成为表现性格的障碍。

也就是克制的问题吧。如何才能有效地依靠克制来表现人物性格？《侠骨柔情》中，亨利·方达[1]抹了香水到理发店来，笔挺地站着，就是那感觉，约翰·福特[2]的伟大之处就在于此。方达脚抵着柱子，仰躺在椅子上，面带嘲笑。亨利·方达和约翰·福特的那种气势很令人羡慕。不只是《侠骨柔情》，不论是《愤怒的葡萄》，还是《青年林肯》，约翰·福特作品中的亨利·方达向来不错。

威廉·惠勒[3]的作品引进了吗？《忠勇之家》什么的，我很想看。贝蒂·戴维斯只要在惠勒的片子里就像变了个人似的，演技超群。在《小狐狸》中，赫伯特·马歇尔扮演的丈夫临终前，贝蒂·戴维斯站在一旁，在倒茶或者倒咖啡，脸上毫无表情，只管泰然地动作，只听见茶杯碰撞的声音。《香笺泪》中的戴维斯也很好。看《香笺泪》和《小狐狸》，我就觉得，与戴维斯在其他影片中的时候完全不同，演技非常突出。

---

[1] 亨利·方达（Henry Jaynes Fonda，1905—1982）：美国影视、舞台剧演员，曾获得奥斯卡终身成就奖、金球奖终身成就奖，作品有《十二怒汉》《西部往事》《侠骨柔情》等。
[2] 约翰·福特（John Ford，1894—1973）：美国导演、编剧，一生共执导140多部影片，是美国最伟大和最多产的导演之一，作品有《愤怒的葡萄》《青山翠谷》等。
[3] 威廉·惠勒（William Wyler，1902—1981）：美国著名导演，曾3次获得奥斯卡最佳导演奖，造就12位奥斯卡影帝、影后，作品有《罗马假日》《钟楼怪人》《宾虚》等。

金·维多[1]的《太阳浴血记》引进了吗？维多的片子毕竟还是要看的。拍彩色电影也不逊色的导演，好像只有维多吧。福特的《铁血金戈》从头到尾都很无趣。大概就是这部片子害的，福特此后再也没拍过彩色电影。惠勒也不拍彩色片。

《月升中天》我打算任用豪华演员阵容来拍，堪称大牌群集。因为《长屋绅士录》太过简朴了。

寄望石原裕次郎

我见过石原慎太郎两三次，是个相当不错的青年。要就他弟弟石原裕次郎发表评论的话，实际上他的电影，我一部都未曾看过。但我也相当关注他。从周围的人那里听说了各种事后，我依着自己的理解，也有些"他大概是个这样的青年"之类的感想，那么就谈谈这个吧。根据我听到的各种说法，他具有非常新颖的特质。比如，一眼看上去显得莽撞，实际上动作轻快而富有知性；本性似乎很善良，却带点痞气；表演淡漠，表现情绪不粘糊等。但如果只是善良而有痞气，那不过是以往就吸引着影迷的一种类型，并不值得特别称道。照通常的说

---

[1] 金·维多（King Vido, 1894—1982）：美国导演，被誉为"一颗好莱坞的宝石"，曾获得奥斯卡金像奖，作品有《船夫》《太阳浴血记》等。

法，这似乎是这一代人的新意，但所谓这一代人，我想在人性上其实并无不同。

不论在战争期间还是在战后，人性本身并没有太大变化。若说变化，变的是风俗、规则等社会性的东西。这些东西较为显眼，所以大家都嚷嚷着"变了、变了"，人的本质是不会轻易变化的。

有人说，即便同在二十多岁的年龄段，二十岁刚出头与二十几岁的尾巴有着微妙的不同。有人说石原裕次郎体现了他那个年龄的典型特质，但也不需要这么刻意地区分吧。

裕次郎通过《胜利者》《呼风唤雨的男人》《夜之牙》等一系列动作片赢得了狂热的人气，但我从值得信赖的友人处得知，他在田坂具隆的《育婴车》中扮演质朴坦率的小少爷，也演得十分出色。我甚至觉得，进一步发扬他在这个角色中表现出的优点——那种极其质朴、爽朗活泼、无拘无束地热爱着生活的性格，或许更值得期待。

不过，我不曾见过他表演，所以这些仅只是臆测。他的人气就像是石原慎太郎的《太阳的季节》，给人的印象似乎是新闻媒体一哄而上，把作品本身置于一边，胡乱制造出来的。或许是因为他作为表演者，本质中具有某种令人狂热的素质吧，我无法断定。但如果他身上确实有某种新鲜的特质，以我的想象，应该是这样吧。

比如说，现今的演员有这么一种现象：导演在摄影机前说戏，要演员侧对着摄影机，本来老老实实地侧过去就好了，可他却想用摄影机拍得到的半边脸演戏。那不是全身的演技，而只是摄影机拍得到的部分来演戏，那样会显得十分夸张、很不自然，但有时演员会以为那就是演技。他们一拿到剧本，大约就会认定自己的角色如何如何，只需做出某种表情就好，大多就这样先从表情入手。

裕次郎的情形应当是，他消化理解了角色，然后再呈现于表情。他表演时几乎毫不介意摄影机的存在，好像他的身体里就藏着一台摄影机。

若是从前的演员，小生会做些像是小生有的动作或表情，于是让人产生"那家伙资质不错，外形相貌也好，却是个讨厌的家伙"的感觉。观众想看的并不是这种表演，而是演员自然地动作，泰然自若地表现精彩的演技，这却很难做到。

裕次郎大概是任由自己的身体朝向摄影机，却不意识到摄影机的存在，大胆、身体力行地去表演。其特点大致如此，这样的特点一定给了众人新鲜感吧。演戏最不可取的就是像这样，又像那样。重要的是，要鲜活、灵动地活在银幕中。迄今为止的明星都太过在意表面了，一直把形式当成了演技。

如果我的直觉正确，希望裕次郎能自由地发扬这些长处。在这个意义上，我认为今后的新人们，将与此前的旧明星在感觉上日趋不同。他们不会再刻意地摆姿势，而是不落痕迹地以自然的心态来表现自己。这样的人应当越来越多，我如此期待着。

领悟力强的原与高峰[1]

我认为，外国导演来日本拍电影这件事益处多多。站在我的角度说，制片厂的设备大概会得到改善，这是最难得的一点。再就是，会招徕一流的电影人。

黑泽（明）君是我一直关注的，我喜欢《野狗》。我有些担心，最近黑泽君是否在重蹈内田吐梦的覆辙。

吐梦制作了许多优秀作品，却在为追求新意进行"实验"的过程中，变得过于概念化，固执地拍了些无趣的电影。女演员中，若说说出演过我的电影的，原节子和高峰秀子演技纯熟，两人都能准确地领会我的想法，并忠实地付诸表演。高峰现在正处于尴尬的年龄，介于女孩与女人之间，难以归类。原节子的擅长与不擅长都很明确，若如黑泽君那般用人，一定很难发挥她的优点吧。

常年观察女演员，会发现在新人时期总是孤独自处的人往往能成为好演员，而时常有好伙伴在身边，不论去哪里、做何事都是两人结伴的人，大多不成。两个人似乎会相互顾虑对方。川崎弘子（她以《远方的云》[2]复出了）当时总是一个人。她往摄影机前一站，就会像变了个人似的大胆地施展演技。那些底层的人好像会把导演不任用他们看作是一种怠慢，但其实导演总是擦亮了眼睛，搜寻着人才。据发现

---

[1] 指原节子和高峰秀子。
[2]《远方的云》：1951上映，五所平之助导演。

井川邦子的导演说，他看见她把鞋放进鞋柜时的身姿，便立刻觉得她"可用"。往往是在镜前独自表演时不由得感慨"我的演技明明如此精湛"的人，一旦站在摄影机前就不行了。这就好像用手指写的字很漂亮，可真正手执毛笔在纸上写的时候，字却不堪入目。

原节子

以我过去二十余年来拍电影的经历，像原小姐这样对角色理解深刻、演技纯熟的女演员实属罕见。戏路虽然狭窄，但原小姐有适合原小姐的角色，一演这种角色就表现出她深厚的演技。因为原节子以她的容貌和性格不能理想地演出泼辣吵闹的女人、小保姆或老板娘之类的角色，有评论就说"原节子演技拙劣"。这不如说是暴露了导演的不明智，没有发现这"拙劣的演技"。

电影既然描绘的是人，就必须体现知性、素养等。在这个意义上，原小姐的演技也很有内容。当然，如果原小姐结了婚，我想她又能表现出不同的一面……

"原节子合日本人所好"这个评价非常非常准确。

事实上，不说客套话，我也觉得，原节子是日本最好的电影女演员。

酒与战败

在战地思考战争电影

既然已经来到战场,当然不会期许生还……体验了战争后,我第一次有自信拍出鲜活的战争电影。此前,一直通过导演的话筒描绘未知世界。从现实的战争来看,那段经历简直是敷衍了事、不值一提。实际参加战争之后,我得到了非常珍贵的体验。我想,如果能迎来生还的黎明,我愿以此体验为基础,创作写实的电影。

晴朗秋日的战线上

待了一年多,战地也没了刺激。若能生还,我很想创作战争电影。我在南京看了《五个侦察兵》[1]《萤之光》[2]等影片。与在东京看的时

---

[1]《五个侦察兵》: 1938年上映,导演田坂具隆,主演小杉勇。
[2]《萤之光》: 1938年上映,导演佐佐木康。

候不同，掏钱买票做看客，心情相当轻松。看电影的士兵们在放映过程中大声议论、喝倒彩，真是愉快。对《五个侦察兵》有各种批评，比如侦察长率先归来很没劲，至少应当让他第三个回来，比如说整部影片演戏太做作等，但作为顺应国策的日本战争片，我认为这部电影也是成功的。不过，有许多烟可抽这一情节不够真实。战场上有时连火柴都没有。我想，在电影中加点把镜片置于硝烟上引火点烟的情节应该不错。

包括用饭盒吃饭、上子弹的动作等细节都非常不错。以小杉君为首的各位的确做得很成功。

在战地给士兵们看的电影，无关情节也无关导演，只需有漂亮女人出场就皆大欢喜。在南京我见到了佐野周二[1]，山中贞雄君的事[2]实在令人惋惜。我在《朝日新闻》上看到消息，非常震惊。

他好像吃了很多苦，曾写道：烟草没了就把野草当烟草，其中艾蒿最好抽。

我所在的部队正在休整中，每天钓钓鱼，吃点芋头，休闲度日。多亏如此，我现在恢复了元气，十分健康。

---

[1] 佐野周二（1912—1978）：日本著名演员，曾出演小津安二郎《风中的牝鸡》《麦秋》等。
[2] 1938年，山中贞雄病逝于中国河南开封。

怀念跳蚤

攻打南昌是在春天。

战事始于修水河渡河战,而后是夜以继日的追击。

所到之处恰逢油菜花盛开,菜花里拂晓,菜花里日暮。

天一拂晓,望着太阳下鲜黄一片,眯起睡眠不足的眼睛,那是"菜花映在尚且活着的眼中的炫目光彩"。太阳落山,夜空下成片的黄色淡去,化作苍白,久久残留在眼底。

身上的衣服一直就这么穿着,沾满灰尘、汗渍和泥垢。装备紧勒着肩膀,25.5厘米的脚底几乎全是水泡。

想喝水,想喝自来水。如果就这么中弹而死,纳骨于白木盒中,回到东京的话,务必先在我的头上浇上自来水。

趴在田埂上,喝了田里的水。水里倒映着春日的天空,蝌蚪正在游泳。

盯着脚尖,只管默默地继续行走。

还没走多远,又是水。

无意间仰起脸,只见成片的菜花、湛蓝的天空、蜿蜒行进于其间的部队。这是一片美丽的风景,然而风景中的每一个人,都咬紧牙关,忍耐着所有困苦,忍耐着物资的匮乏。这美丽人流中,也有我。

这时,我感到背上有一只跳蚤。趁着现在,赶紧饱餐吧!这人将中弹而死,身体渐渐变冷。跳蚤一定是这么嘀咕的吧。如果这样,它大概会毫无留恋地离开我的身体，跳到别的士兵那里去吧。

忽然，我对这只跳蚤产生了一阵无以名状的依恋。这只跳蚤必定是在某处亲历了战友的阵亡后来到这里。我想，竭尽全力，奋力挣扎，我也要把它带到南昌去。

自战场归来两年，在茅崎海边的旅馆里，我正为下一部电影的剧本极尽艰涩地思索。

半夜里，被跳蚤烦扰，我在蚊帐中一边悄悄点燃火柴，四处寻找，一边频频怀念起那时的美丽风景和令我深感依恋的跳蚤。

体验战争

嘿，终于平安归来，遗憾的是失去了许多战友。另外，我向来自诩身体壮实不生病，哪想就在回来前不久，在九江感染了疟疾。不过终于痊愈了，只是瘦了大约十五斤，真令人羞愧。

然而日本依然没变。在战地明明听说内地霓虹灯也没了，但在某个地方，大家还在为"有霓虹灯啊，有霓虹灯啊"兴奋一时。单这一点就让我觉得自己也未曾改变。电影只看了不多的几部，报纸、杂志，尤其是杂志在南京大都能买到，所以有一些了解。

电影只看了成濑君的《三兄弟》[1]和田坂君的《五个侦察兵》。《五个侦察兵》因我大力推荐，长官甚至带领全体人员去观看。此外没怎么考虑电影的事。因为单说行军的路程，从上海到大场镇，从苏州河的战役到镇江、滁县、定远，在定远担任警备之后参加徐州会战，又转战宿县、蚌埠、南京、安庆、大别山，经过信阳、汉口转而向北，又从玉城转至南昌，这一路全程约有一千五六百里[2]吧，竟然也走过来了。所幸不曾掉队，最后攻打南昌的时候，因脚踝肿胀请了假。

初次体验敌人的子弹是在滁县，说来汗颜，我吓得直哆嗦。不过后来渐渐习惯了。一开始不知怎么总爱喝酒，想来大概也因为在那种状况下的精神作用吧，到后来我就无动于衷了。砍人的时候也和古装剧里一模一样，砍下去之后，暂时会一动不动，然后才终于倒下。戏里做得真是巧妙！我也从容到可以去注意这样的事了。

中国士兵扔手榴弹技术高超，这点我深有感触。决不能让他们靠近一步。他们"哇"的大喊一声，然后拼命地扔过来。一开始，我们伤亡惨重，但我们也想了办法，用声音引诱他们扔完手榴弹后再冲出去，让中国士兵们不知所措。令人感动的故事有很多。南昌战役的时候，饭田队长奋勇作战的身姿让我吃惊。他身负重伤，却仍然让部下

---
[1]《三兄弟》：应为《浅草三姐妹》，1935年上映，导演成濑巳喜男。原文沿用小津的误称。
[2] 里：旧制长度单位。1里 = 3.927公里，后同。

抬着指挥作战,第二天就因为出血量过多而倒下了。还有一件是,在某座桥上,追击溃散的中国士兵,有一个老兵来不及逃,干脆跪坐在地俯首认命。队长虽然用枪指着他,但是并没有开枪,只是让他"赶紧逃,赶紧逃",这让我看到了他仁慈的一面。

战争期间最烦扰我的是我的大个头。军服是特大号的,在战地却没得替换。又没有缝纫师傅,只能四处寻找。就因为这个,前年直到除夕我仍身着夏服。

那么,在战争中有过怎样的体验,又如何提炼利用?虽然还有很杂乱的笔记,但其中一半都没能带回,所以言之尚早。出发前只留下《父亲在世时》的剧本,这个也还不能拍。幸好厂长也说"先慢慢静养吧。"我想先认真思考,再重新出发。

悲壮的基础上充满光明的战争片

在东京的话,所见所闻都可做电影式的咀嚼,然而身在战地,徘徊于生死边缘,根本不会去思考。像我这般原本尚未成熟,又加上从军两年,在技术上掉了队,所以我打算以一切从头再来的气势努力工作。做什么作品尚未决定,但我想一开始努力积累数量,技术上成熟之后，再以轻快的心情着手拍大作品。当然也要创作战争题材和军队题材的影片。

也许有人认为，小津这家伙回来后会拍一些不同的作品。我在当地吃了些苦，多多少少会有些不同，但总体说来我将不再拍黑暗的作品。我想，在黑暗中同样也要寻求光明，在悲壮的基础上也一定要明快。在当地只有立足于肯定精神的现实主义，实际存在的我都如实看到了，今后我会对此重新加以电影式的研究。

之后，我拍战争片的时候，会进一步研究火药；制作音效时，不用说日本式、捷克式、水冷式的机关枪，迫击炮等其他兵器的声音也要各有特色，必须做到那一步。我不想拍那种大鼓、打击乐器，充满乐队总动员式杂音的战争电影。我在战场上读了友人山中贞雄的遗书，他在那场战争中依然对电影保有炽烈的热情，这令我感动不已。另外，我还认识到不学习是不行的。总之，等接下来看望完遗属，我将开始一场持久战。

开拍吧，归来后第一部作品！

啊，好久不见。天变冷了，这么冷，让人不由得想起战地的事。去年的这个时候，我在哪里？好像是在××吧。虽说天冷，但比起战地，这里的寒冷实在不算什么。

人这东西很娇贵。像现在这样，没有火盆就觉得受不了，而去年这个时候，我正在寒风中泰然行进。如此想来，不禁为如今自己在火盆边取暖感到惭愧，同时也有种做梦般的感觉。这段时间，我正在整理在那边拍摄的莱卡照片（小津边说边取出放在桌子下面的剪贴簿，里面是整理好的照片），总共有大约四千张呢。一边整理，一边会不时感到恍然。虽然忘记了地点，却记得有迫击炮的炮弹落在我身旁不到两米的地方，四散的泥土猛地砸在我脸上。

我当时就想："被击中了！"其实，人的寿命终究无法预测。虽然我不曾被子弹击中，得以平安归来，有的人却得病死去了。我想把这些照片整理好之后，等过年时寄给战友们。他们有的活着，有的已光荣战死。我想战死者的遗属们看到自己亲人奋战的身影一定会高兴吧。这是平安归来的我能够向战友们表达的一点友爱。

前不久我疟疾发作，一直躺到昨天。即便如此，下一部剧本总算完成了。现在池忠（池田忠雄）先生正在做最后修改。因为有一阵子没写剧本了，写起来相当艰难，很不顺手，所以干脆托付给池忠先生。

因为是归来后的第一部作品，公司以及舆论都很挑剔。其实去打仗之前的小津安二郎与现在的小津安二郎并没有不同，若要说不同的话，大概也就是我的心境变得豁达了。从前我时常被指责说："小津的作品太过阴暗，不行。没有救赎，不行。"今后不会再有这样的事了。对战争，抱着灰暗的心情是不行的。说得艰深一点，持否定的精神是拍不出来的。必须肯定一切，由此表现出人的坚强。也就是说哭哭啼啼的，就打不了以人命为目标的战争。需要勇气，需要有被打垮了仍然能站起来的气魄。这在电影里说起来，就是需要救赎，需要迎来明天的希望。这个意义上来说，我自己比任何人都更能严格地再批判我此前的作品。比如《独生子》《我出生了，但……》等影片，实在是不完全的作品。我觉得，那简直就是此前另一个名叫小津安二郎的导演创作的电影。必须更进一步才行。也就是说，"我出生了，但……"这样的感慨并不是作为人必需的东西。必须要感谢自己的出生，必须坚强地生活，胸怀雄心壮志，否则将难以度过这段人生。

什么？下一部电影？不是战争片。你可以试想一下嘛，两年时间里每天都在泥泞里摸爬滚打，怎么可能立刻又在电影里干这个呢？

或许是因为生活太缺少变化的缘故吧，我打算把战争作为难得的体验存放在自己的身体之中。将来我或许也会拍战争电影，但现在还很难有心情拍，而且即便拍了也拍不出好作品。因为战争太过鲜烈，要将之糅合、嚼碎，使之真正成为自己的东西之后才能做到吧。

下一部电影，怎么说呢，从前不是有一部《淑女忘记了什么》吗？

看成是那部的续集就差不多了，那么就谈谈大概的情节吧。

有三个有闲阶级的妇人。她们有钱有闲，成天忙着谈论如何有趣地过日子。其中一位妇人的丈夫是个有点奇怪的人，不解风情又不修边幅，喜欢把酱汤浇在米饭上吃，抽最便宜的烟，坐三等车。是跟妇人们住在全然不同的世界里的一个人。

这个男人即将出征。于是他的太太，也就是有闲妇人中的一位，感到非常吃惊，而丈夫却毫不惊慌，妇人们这时才感到男人的可贵。比起讨论有闲妇人的生活、想法和这个男人的生活、想法到底哪个正确，我想说的是哪种更适合自己。我通过描写生活在两个不同世界的人来征求世人的批判。话虽狂妄，但大致就是这样。

我想要暗示的是：在我们的生活中，是否忘记了什么重要的事情？但到底能否做好，得实际做了才知道。

归来之后，看了许多电影，我觉得不论哪一部拍得都比过去好了，但似乎又有某种不足，缺少一种直逼人心的东西，虽说导演手法可谓巧妙到了过于巧妙的地步……我最近在想，这大概是日本电影的最大缺点。话虽如此，我却一点也不敢说我今后的电影中就会充分表现出这种东西。我还年轻，而且电影工作并非一朝一夕的事，我打算耐心去做。

什么时候开拍呢？虽然说是从新春开始，但新年期间工作繁忙，我想大概还开始不了，争取三月或四月左右上映就好。片名也还没定下来，我在想片名能否叫作"夫君去南京"。

这项工作后，我打算拍那部《父亲在世时》，就是我出征前写的那个剧本，现在还需要相当大的修改。

虽然是归来后的第一部作品，但我也并没有特别的意图，还是会以和从前同样的心情坦然拍摄，所以也请诸位以同样的心情来观赏。

为何不拍战争电影

作为归来后的第一部作品,我之所以没有拍摄战争电影,是因为目前各方面条件与我所设想的战争电影相比,还未能令人满意。但我有拍战争电影的想法。我想,即便是火野苇平[1],创作出真正的战争题材作品也应该是在战争之后吧。接下来我打算尝试拍摄像《独生子》那样的作品。

《夫君去南京》是与池田忠雄君共同执笔的作品。

一群有闲阶级的妇人,把丈夫撂在一边,四处游玩。她们外出旅行的时候,接到电报,得知其中一人的丈夫将应征入伍。妇人大惊失色,担心丈夫这时候的反应,哪想回家一看,丈夫好像什么事都不曾发生似的,正在家里呼呼大睡。有闲妇人这才体会到,男人是靠得住的。

就是这样的情节,电影中完全不会出现南京,内容算是喜剧。但这是我第三次拍有声片,估计会遇到许多困难。这次的电影台词非常多,约有《独生子》三倍。

回来之后,看了许多外国电影,我觉得美国电影里几乎已经没有

---

[1] 火野苇平(1907—1960):原名玉井胜则,小说家。1938年以《粪尿谭》获芥川奖。1937年应征入伍,在中国战场写下的《麦子与士兵》等战争题材作品,曾轰动一时,战后作为"战犯作家"受到处罚。后以《花与龙》等作品复归文坛。

可以吸收的东西了。一定要说值得学习的地方的话，应该是技术方面的吧，像是摄影技术。最近看的电影是美国的《天使之翼》[1]，还有法国的《没有铁窗的监狱》[2]。我对《天使之翼》的剧本作者朱尔斯·福瑟曼深感佩服。伏线的设计、高潮的描写等，真是巧妙到无懈可击，就像齿轮吻合那般准确无误。但也正因如此，给人以强烈的陈旧感。

《没有铁窗的监狱》在我看来虽有不满意之处，但也是一部优秀的影片。美国电影总是以消耗巨额资金的大制作居多，从这一点来看，或许因为我也是拍电影的人，总觉得很不值得。

我的作品相对来说以原创剧本居多，也包括一小部分翻译作品。不曾改编小说或戏曲，并非因为我不喜欢将小说或戏曲改编成电影，而是因为没有我想改编的作品。即使有，大多数情况下我更倾向于认为：与其将之改编为电影，不如作为小说或戏曲原样保留。所以，如果有真正适合改编的作品，我也希望今后能将之拍成电影。

这次的剧本如刚才所说，是我与池田忠雄共同执笔的。我认为与其独自撰写剧本，不如与人一起写更好。独自写的时候，我有时会为某个场面中某人的台词该怎么样感到犹豫不决，而两人一起时，即便遇到这种情况，也能马上定夺。

---

[1]《天使之翼》（Only Angles Have Wings）：1939年上映，霍华德·霍克斯导演。
[2]《没有铁窗的监狱》（Prison sans barreaux）：1938年上映，Léonide Moguy导演。

今后的日本电影

一、战前的日本电影

战前的外国电影，尤以美国电影在我国最受欢迎，知识阶层往往爱好外国电影，对日本电影不屑一顾。然而从昭和十年左右起，日本电影中也出现了许多优秀的作品，质量足以与外国电影抗衡，不仅吸引了普通大众，终于也吸引了知识阶层的注意。但随着时局的发展，外国电影的引进受到限制和禁止，战争爆发后，上映也被禁止了。另一方面，日本电影因《电影法》的实施[1]逐渐走向低迷。观众除日本电影外别无选择，虽然不满意却也只能看日本电影。但是，这不过是大形势，我们不应忽视其中也有少数克服了种种困难而诞生的佳作。

我想，导致日本电影低迷的原因是电影从业者不够努力，而错误地实施了《电影法》也是一大原因。《电影法》公布于昭和十四年十月，本来的目的是为了推进我国国民文化进步和帮助电影行业健全发展。然而由于该法的实施，电影制作行业变为许可制，对导演、摄影师、演员实行登记制度。除了比如之前就有的电影审查等制度外，在电影开始拍摄前，剧本还要接受文部、内务两大部门以及其他相关部门的严格审查。从该法的精神出发来说，这些制度可谓是应该的，但

---

[1] 1939年，为了推进军国主义政策，日本出台《电影法》，实行电影、剧本事前审查，限制外国电影进口和上映，抵制娱乐电影。该法于1945年废止。

在实际的施行中，却时常造成与其精神相悖的结果。比如，要描写一个成天酗酒、不认真工作的工人在认清时局后幡然醒悟，从此改过自新的过程，可是这却不能拍成电影。因为照审查者的说法，在时下，这样成天酗酒、不认真工作的工人是不存在的。他们不允许这种以恶为对照来描写善的方式。也就是说，表现白色的时候，如果用黑色来对照，白色本可以更加鲜明，但因为禁止使用黑色，所以就只能用清一色的白来表现。就连比我国更严格地以国家权力管制电影的纳粹德国，在这一点上都要更宽容些。

再者，审查时，面对来自各监督部门的各种要求和抗议，审查者为尽其责任，会命令电影制作公司将剧本改写得无懈可击。可是，剧本是电影的一张设计图，是为产生某内容而准备的一份素材，审查无法看透从该素材将会产生什么样的内容。因此，面对来自政府各部门审查中的各种干涉，剧本有时也成了一种借口，甚至一道防线。当然，这类对电影缺乏理解的审查使得剧本质量下降的情况当然也不少见。

关于登记制度，该法实施之后，所有导演、摄影技师、演员都要接受技能考核，成绩合格才能从事电影工作。我也是技能考核委员之一。对这个问题，我的看法如下。例如演员的考核，某人即使在容貌和演技两方面都具备演员的素质，却在以五十分为及格的常识考试中只得了四十五分的话，就将因为仅仅五分之差而不合格，被认为是不具有演员资格。这种情况下，应该让他及格，常识是可以在从事实际工作以后掌握的，重点在于要让具备演员素质的人合格。所以我认为设置这样的门槛只是徒劳,是本末倒置。

这些不过是因为《电影法》施行错误而产生的弊害中的两三个例子,我想不可否认的是,《电影法》虽然以帮助电影健全地发展为目的,实际却将电影导向了完全相反的方向。

二、今后的日本电影

然而,这部《电影法》也在本届议会被废除了。形式上,电影界算是回到了昭和十四年十月以前,从束缚电影的各种制约中解放出来了。审查由盟军司令部执行,沿着民主主义确立的路线,电影界的勃兴指日可待。但是由于物资等其他原因,恐怕一时还不会出现大制作。

我在新加坡观看了一百多部美国电影,主要包括一九三八年至一九四一年上半年的影片。我认为,这期间美国电影的动向正好与同时期的日本电影如出一辙。

上述期间的美国电影大致可分为文艺片、明星片、以及特艺彩色片[1]几大类,占据主流的是文艺片。如在舞台上获得巨大成功后改编为电影的《烟草路》[2]以及斯坦贝克[3]原作,约翰·福特导演的《愤

---

[1] 特艺彩色 (technicolor):又称特艺七彩,是一种用于拍摄彩色电影的技术,由特艺公司出品,在二十世纪五十年代以前几乎是彩色电影的代名词。
[2]《烟草路》(Tobacco Road):1941年上映,美国电影,约翰·福特导演。
[3] 约翰·斯坦贝克 (John Steinbeck, 1902—1968):20世纪美国最有影响力的作家之一,1962年获得诺贝尔文学奖。作品有《人鼠之间》《愤怒的葡萄》等。

怒的葡萄》等，都属于这类。这两部作品都极真实地描写了美国贫农如牲畜般悲惨的生活，主角并非所谓的明星，而是任用了非常质朴的演员。以往曾占据美国电影主流的上流电影在这个时期开始衰微，被上述现实主义电影取而代之。但这些作品并不仅将兴趣放在暴露美国现实的问题上，而是贯彻了更踏实、更关注现实的精神，形成了今日的主流。

在另一方面，与过去一样，明星片在拍摄数量上远远多过前者。

依靠庞大的电影资本和发达的科学技术，特艺彩色电影得以在美国率先实现，拍摄了相当数量的作品，也有如一九三九年奥斯卡获奖作品《飘》那样的优秀作品。虽不是故事片，彩色动画片中优秀作品也很多，《小飞象丹波》《幻想曲》即属此类。彩色电影到目前为止，基本上是格调明快的明星片。若不是有着极高的票房预期，就没法拍摄彩色电影。

可以想见，战后的日本电影也将沿着美国电影的这种路线发展。因战争带来的疲敝及战后的混乱，国民生活处于极端的困境中，一定也有陷于绝望的人。在这种情势下诞生的电影主流，是否会是回避这种现实、具有浪漫主义色彩的作品？我不以为然。我想到的是，第一次世界大战后，在陷入疲敝困顿的德国，艺术运动并未朝浪漫主义发展，反而比战前具有更强烈的写实倾向。我想，今后的日本电影同样如此。这类不回避现实，而是勇敢贴近现实的写实主义电影，虽然拍摄数量少，但终将成为主流。这种写实主义将会比战前更彻底、更深入,而且也必须如此。但在到达这种写实主义之前,趁着战后的混乱,一定会出现许多肤浅随意的喜剧或批判现实主义的电影。但这些终究不过是过渡时期的现象,必将会被彻底的写实主义所净化。不过我最关心的是,这种写实主义,将会具备多少明朗、欢快的成分。不用说,这种明快不能是轻薄。我认为必须严峻地审视现实,并将这种审视精神发扬光大。

除了构成电影主流的写实主义电影,因明星制而拍摄的电影也将出现。从事变走向战争期间,电影界没有了明星制度,令观众颇感寂寞。作为娱乐的电影当然是要由俊男美女出演,现在的明星当然会被筛选、淘汰,几乎都会被取代。培养起新的明星,再度采用明星制度,重新拍摄由俊男美女出演的电影。

虽然我国对彩色电影的研究有了相当的进展,却在实现之前就爆发了战争,又受到了各种制约,直到今天也未能实现。但是,就像战前花钱从美国租借有声设备那样,今后也会向特艺彩色制作公司租借设备。可以预见,我国的彩色电影实用化将因此得到进一步发展。但即便如此,黑白电影也将依然存在。现在的彩色电影虽然在技术上取得了相当的进步,但仍有缺点,彩色电影画面中的暗部还不能像黑白电影那样细致。事实上,美国一流的导演也还没有真正开始拍摄彩色电影。

彩色电影就像用彩绘的饭碗吃天妇罗盖浇饭。但是,就像有时也会想用素净的青花饭碗吃腌茄子那样,我们将会继续喜爱黑白电影。

我想，这种喜爱将会持续到彩色电影表现力更完美的时候。

让年龄说话

对电影界现状的感想，我直言不讳地说，就是"战争结束就快一年了，你们竟然如此松懈。"作品内容如此，整个业界亦然。例如，出现了多少新星？不论怎么说，电影业的中心在于明星，应当不断培养素质优秀的新人。

现在的大船制片厂虽说也有很多我不熟悉的人，但到底有多强的实力呢？原来的饭田蝶子、吉川满子等人依然健在，却完全被当成了喜剧演员。这令我大为吃惊，我从未让她们作为喜剧演员工作过。

据说观众也变了，或者说是他们的素质变低下了。造成这样的恶果大概是因为战争期间的电影全是些对提高观众素质毫不在乎的作品。为了这些观众，应该拍摄什么样的电影呢？我还是想在其中添加明快的内容。

即便素材阴暗，处理的角度也要明快，实际上似乎正好相反。我想揭露现实也不错，但必须正确地审视和批判现实。

器材的质量低劣也是个沉重的负担，有人担心是否能赶上美国电影的轻快步伐，我认为都不必太过介意。日本人的步伐与那边的自有不同，勉强追赶的话就不是日本电影了吧。比较起来更想要的是热情和从容的心态。

另外,希望"导演"还是要以本职工作为主,"演出"[1]只不过是导演工作的一部分而已。最近我和清水宏、井上金太郎、沟口健二[2]等人还一同说起,今后希望大家能在导演工作中发挥彼此年龄的作用。总之,我想从年末或明年起,一年尽可能地拍一部电影。

酒与战败

战争结束时,我在新加坡的军队报道部。因为在当地从事着军队方面的工作,所以数天前就已听到战争即将结束的传言。从宿舍向外看去,平时实行严格的灯火管制的市区已经亮起了零星的灯火。心里正想着"还真是如此"的时候,不觉间迎来了八月十五日。所以,当时的变化就好像一个漫长的重叠镜头,我并未感觉到太大的冲击。

记忆中的印象是,败色渐浓的时候,以军人为首的那些大人物们都慷慨激昂地声称若是战败的话就要切腹。我可不愿意切腹,但只有我活下来也不成。没办法,我只好弄了些德国产的安眠药佛罗那,心想着到时候把药掺在酒里喝下,舒舒服服地在泥醉中死去。这才像我

---
[1]演出:日文中,电影的导演者称为"监督",导演在拍摄现场的具体安排指导称作"演出"。
[2]沟口健二(1898—1956):日本电影导演、编剧,曾获得威尼斯电影节银狮奖,作品有《西鹤一代女》《雨月物语》《近松物语》等。

的风格，倒也不坏。然而一战败，那些叫嚣着要切腹的军人们投降的样子实在叫人眼前一亮。他们处之淡然，轻松干脆地就认了输。对此，我的观感是：日本人必定有着战败的传统。说是说历史上从未打过败仗，但我想在我们的血液中，一定流淌着打败仗的经验吧。

雁来红记
——于至道院周年忌

山中贞雄的入伍通知书送来的那天，是个炎热的日子。我清楚记得，是昭和十二年八月二十五日。我突然感到战争已迫近身边。

翌日午后，山中和泷泽英辅、岸松雄来到位于高轮的我家。我和池田忠雄、柳井隆雄正商量剧本，于是把桌上的稿纸推到一旁，开了啤酒举杯庆贺。

聊了一会儿上海的战况，又说起去打仗时需要什么随身物品。山中将之一一记下：记事本、小刀、薄荷膏、剃刀、肠胃药。

"阿津，种的花不错啊。"一回神，山中正望着庭院。庭院里，秋日将近的阳光下，雁来红开得正艳，那般静谧，令人无法想象此刻在上海有激烈的战争。只言片语中，寄托着山中此刻的感慨。

山中不久就离开了。听说那天在东宝制片厂有山中的壮行会。

之后第十五天，我也收到了入伍通知书。

第二年秋天。

中国各地也开着雁来红。桐城、固始、光州、信阳,在毁坏的民房的阴凉处,在道路旁,每当看见雁来红,我就想起那天的山中和高轮的庭院。之后不久,我便得知山中阵亡的消息。

秋深以后,从东京寄来的信中都提及了雁来红。

> 前几日拜访了你家,见到你的母亲。老人家精神充沛得令人惊叹。庭院里有一株鸡头[1],在阳光逆照下,鲜红刺眼。下方的叶子耷拉着,褪了颜色,令人不禁惆怅。你母亲和我自然而然地说起了山中的事。
>
> 内田吐梦

> 拍摄《孩子的四季》的所到之处,尽开着美丽的雁来红。虽然觉得"真美啊,真美啊",却终究无意把镜头对着它。等你回来以后,在山中的坟墓周围为他种满雁来红吧。
>
> 清水宏

第三年秋天。

---

[1] 鸡头:鸡冠花,也指别名"叶鸡头"的雁来红。

我从战场回来，去往京都。在京都，每天都有几队本地部队归来。

如果山中还活着，昨天或今天就该能见面了。我这么想着，在鸣瀬喝了酒，点了土锅焙虾和鸡爪，据说是山中喜欢的菜，还要了一小壶酒和小酒盅。同伴是大久保忠素和井上金太郎。说起来，第一次将山中介绍给我的也是他俩。山中的种种，不可思议地与军队有缘。

昭和八年秋天，拍完《心血来潮》后不久，我为了参加后备役的勤务演习，加入了津市的步兵第三十三联队，受训约十五天。回来时我顺道去了京都。

到京都那晚恰逢仲秋月明，我在鸭川河原附近新三浦的餐馆包间里，与两位共酌。月亮在东山顶上。山南海北的闲聊后，井上金太郎说："要不跟山中贞雄见一面？"那时山中正忙于写剧本，记得好像是《鼠小僧吉次郎》。我回答说："只要山中君方便的话。"

山中当时在日活电影公司，拍摄了《盘狱的一生》，已是令人啧啧称赞的才俊。

次日傍晚，山中来到下加茂。他穿了件碎白花纹的藏青色夹衣，腰上缠着布腰带，脚上是薄底木屐。看样子正患感冒，脖颈上围着汗巾，胡子也未刮。

秋山耕作介绍道："这是山中。"跟那部电影给人留下啧啧赞叹的感觉大不一样，他不修边幅的模样令我吃惊。

那天夜里，我们从蛸药师堂去了祇园，喝酒，谈电影，直至天亮。山中话很少，拿着酒杯，时常甘做听众。在八坂神社前道别后，山中趿着木屐，穿过拂晓的街区飘然归去。他在百忙之中，抱病伴我们悠然熬过通宵，待人十分随和。面对他的背影，我实实在在地感到一种令我心生好感的执着。

自那以后，已过七年。我对鸣濑这个地方也有深深的回忆。那是昭和九年晚春的事。

我父亲去世，我与母亲送骨灰去高野山回来，游览宇治、黄檗山。那日日暮时分，我就将母亲独自留在柊屋旅馆，与大家在鸣濑相聚。

山中当然也在。我们聊得兴起，直到天明。

天亮后，山中枕着坐垫朦胧睡了两小时左右，然后突然坐起来打开纸拉门。外面是五月的浅蓝天空。

"没法子，真是好天气啊！"他说着把剧本塞在腰间，脸也没洗就喜滋滋地赶往《足轻出世谭》的外景地去了。

两天前的傍晚，我还在寂静的高野山，从奥院纳骨堂的小门，将父亲的骨灰一块块放进去。那无常的感慨此刻已消失无踪。

那时在这里舍弃的无常感，而今又在这里重新拾起。三村伸太郎突然走进来。一直没有机会与山中亲近的人相见，这是初次见面。

翌日，我在吉田本町的山中兄长家里，叩拜了安置于此的山中的遗骨。自去年一月十二日在江苏省句容见面以来，再见竟是这般物是人非。

回到东京后不久，我接受了为山中的墓碑书写戒名的委托。按年龄来说的话，应该是由山中为我写才对。然而却是我铺开纸张，研墨而书：

> 至道院殉山贞雄居士

庭院里，今年的雁来红开得正美。

战 地 信 笺

中国行

出发前夜 昭和十二年九月秋彼岸[1]时节

我去打个仗就回来。

小津安二郎

唐泽正三郎　筱田三之丞

梶田　三郎　大幡　米藏

奥村　良知　秋山　胜平

岛村　芳雄　早川百次郎

石井英太郎　山口　秋藏

永井　文一　堀江次郎吉

劍持　竹治

---

[1] 秋彼岸：指秋分以及之前三天和之后三天的七天时间。春分前后称为春彼岸。日本佛寺在此期间多举办彼岸会，并有在春、秋彼岸期间上坟的习俗。

昭和十二年中秋节翌日于上海

昨天是中秋月明的日子。黄浦江上月亮升起的景色相当不错,正是当年令阿倍仲麻吕吟咏"翘首望东天"[1]的那番景象。我也尝试体会了一下仲麻吕的心境。最近连日天气晴好。这里同样开着波斯菊,也听到伯劳啼叫。若能吃上秋刀鱼,就更加无话可说了,当然这难以实现。身体越发健康,请尽管放心。问候各位。并请代为问候夫人好。

上海派遣松井本部队 森田部队 ✿

昭和十二年十二月二日 发信地不明

来信拜读。奥山的来信也一同收到了。这段日子,在满目萧条中一路进逼南京。大概在后天,这支部队也将前进约三十里。在那里参加南京总攻战。我身体非常健康。将遭遇数以万计的敌人,然而也希望邂逅哪怕只一位蛾眉青黛的美女。

来年大约会在南京迎来正月。我将满三十六岁,这让我不禁略感寂寞。不愧是在汉诗的故乡,颇有"未醒池塘春草梦"之感。想吃菜

---

[1] 引自奈良时代的著名和歌,阿倍仲麻吕作。

叶煮油煎豆腐。想吃奇奇怪怪的东西，连自己都觉得不可思议。请代为问候夫人。

余言再叙。

昭和十三年三月二十四日　定远

收到大量非常美味的脆饼，谢谢。

今天是三月二十四日，春彼岸到今天结束。

去年秋分正午自大阪出航，转眼已过半载。自上海经南翔——嘉定——太仓——常熟——无锡——常州——金坛——丹阳——镇江，在镇江渡扬子江至扬州，然后是仪征——六合——滁县——定远，所经华南要道约一百五十里。目前在定远。

身体越发健康。于二月三日入城。约五十天时间，失去不少战友。

同伴的和尚被打中头部，脑浆和血喷溅而出，当即死亡，一句话也未曾留下。药剂师的手臂被射穿，断了骨头。战死者火化，负伤者各自送走，人数日渐冷清。西南约二十里处的庐州，也不可掉以轻心。尤其自两三天前开始，他们转守为攻，趁天黑包围定远城，用迫击炮攻打城内。但我并未惊惶，对炮弹已习以为常，照睡不误。

炮弹难得打中，若是打中的话可受不了。现在定远城外一派春意融融的景象。柳树发芽，河水丰沛而清澈，油菜花盛开。一望无际的平原上,远方雾气迷蒙,云朵洁白。加上天气晴朗,可谓春风骀荡、春日和煦、春意盎然,这般悠然景象,冠之以任何形容词都恰如其分。尤其是柳树的绿、油菜花的黄是接近原色般地鲜艳,闲适的构图浑然一幅CROWN READER[1]第二册的插图。

一整天没有战斗的时候就以午睡度日。傍晚在大缸里泡澡后挑灯与士兵们下将棋。班长大人棋技最差。

士兵的本领已游刃有余,身心两面状况良好,总算聊以度日,勿念。

想吃天妇罗盖浇饭,想吃安倍川年糕。意想不到的食物会在脑海忽现,勾起强烈的食欲。

想喝水,时常有冲动想对着茶壶嘴,一口气把粗茶喝个够。我似乎日渐变成野人。

不时也有关于换防[2]的传言。据说是一部分换防,至于是否属于那一部分,谣传也无妨。这样的传言令人振作,倒也不错。听说松井大将已经凯旋,这时候,他大概洗过澡,在榻榻米上就着一瓶酒,正在吃鲣鱼刺身吧,我不禁胡思乱想。

暂且在此处修整。

望各位多加保重。

且以此信仅表谢意。

---

[1] CROWN READER:日本旧制中学曾经通用的英语教科书。
[2] 换防:军事用语,指军队轮换驻防。

昭和十三年五月三日　蚌埠

五月三日。我在蚌埠。你四月十四日寄来的信已收到。

蚌埠。车站标记为"Pengpu"。部队作各种念法。"banpu""hanpu""penpu""ponpu"，不论哪种念法都通用。

四月十五日从定远出发，前进，北上。从华南北上的部队与从华北南下的部队会合，以确保津浦线并保持联络，据说这是今次的战略。一路上，槐花正盛开，熏风吹过麦穗，浅蓝色的天空下，肌肤享受着新兜裆布的感触，让我觉得倒也相当愉快。一路向北，蚌埠是一时的集结地，这里士兵泛滥。士兵走过，马匹走过，大炮经过，战车通过。在万丈沙尘之中，当地人蒸了馒头在道旁卖。卖面条的车子叮叮咚咚四处游走。长得过了时的菠菜，一把一毛钱，鸡蛋一毛四个。停在马肚子上随行而来的苍蝇，在这里暂且离开了马肚子，四处游走。

不论馒头还是蒸笼、面条、马粪，都埋没在苍蝇里。

前面的部队前进，后面的随即跟进。借用医学的说法，蚌埠可谓同时具有慢性胃扩张的食欲和急性肠炎的腹泻。用物理学的说法的话，就好像纸弹竹枪的原理。蚌埠时常处于满腹状态。淮河流淌在城外，这里的铁桥已遭破坏，现在工兵们整天忙着架桥。

本来只在这里住一宿，而今天已经是五月三日。要待命到何时，或是现在立刻就要前进？等也不是，不等也不是，就像瑟缩在路边待客的人力车夫的心境，又好像天黑以后还没拉到客人正忧心忡忡的风尘女。现在没有定远那种在迫击炮和榴弹攻击下四面楚歌的担忧。我点上台灯，泡了茶，还可以写信。

在大阪请你买的防护用具，虽隔云烟万里，据说效用大矣。

写了些混账的事，让您夫人看见了可不妙。时间已过十一点，就此搁笔。星星很美，这就去床前的槐树下长长地小个便回来就睡了。

愿多保重。我也健康安好。

昭和十三年六月六日　蚌埠

收到郁代来信，得知吉田已前往满洲。邮戳为三月二日大阪南。从奥山信中得知，他已平安回国。也收到吉田其后的来信。

今天已是六月六日。雨。在蚌埠。

为参加徐州会战，去了宿县，现在已回来。徐州和宿县均于五月十九日陷落，日本军队总在可能的前提下开始行动，即便有暴虎冯河之嫌也毅然使之成为可能。说是忍耐困顿贫乏，然而困顿贫乏却没有限度。拿下一城，攻陷一垒即为最大限度。

前行急不可待。战死者就地用太阳旗包裹其脸部，弃之于麦田，然后继续前进。

如此炎热，过不了两天就会生蛆。解开太阳旗，眼窝里会有大量的蛆漫出来。所谓"将赴于山，尸骨生苔"[1]，仅以精巧辞藻，到底无法想象那般凄惨。感觉眼珠发痒，照镜子，未生蛆，但是眼珠痒。

麦田延绵，阳光暴晒其上。汗水和尘埃沾满全身，所到之处都缺水。去年年末攻打滁县时，曾打来臭水洼里还游着水蚤的水，装在饭盒里烧开。很臭，很难喝，当时只觉得无法忍受。如今即使有水蚤，也会忙不迭地喝下。我曾趴下身子，拨开蝌蚪，喝水沟里的水。

据说，敌人撤退的时候撒了毒药。在蒙城，有四十四人因为喝了城里的井水，中毒身亡。有水蚤证明无毒，虽然这是多么凄凉的证明。

喝了以后又狼狈地吞下止泻药，很难想象比如冰淇淋、果冰之类，竟然是这个世上的东西。

二十五日再度返回蚌埠。洗浴，酒保给了啤酒，通了电，有收音机。在刺耳的杂音中居然听到长歌《菖蒲浴衣》，称之为极乐世界也不为过。

接下来一段时间大约会待在蚌埠，或者将进入下次作战。据说七月里会换防，又说将转去进攻安庆、汉口，不论哪种说法都难以断定。

身体甚好。

苍蝇出来了，蚊子出来了，臭虫出来了，还有蝎子。接下来将以这些小动物为对手，恶战苦斗，但无须担心。

---

[1] 引自《万叶集》第4094首，大伴家持作。

昭和十三年八月十三日　南京

八月十三日在南京。

看日历,八月八日立秋。红蜻蜓到处飞,或许是心理作用,觉得天空也变得高远。我想最热的时候大概已经过去。

白天烈日炎炎。虽说还很热,但比起最热的时候,已经相当好过。

这个月二十三日将奔赴前线。

身体也很好。将去汉口等地看一看。

在南京最热的时候待了约两个月。乘了秦淮画舫,也赏了玄武湖的莲花。

只需写封航空信要钱,用不了十天钱就能从东京寄来。各处的中国菜都吃遍了,非常愉快。

离出发已经不到十天,这时候正在享受接下来一段时间将与之无缘的午睡。

　　　　此命将断绝

　　　　愿断天涯路

　　　　夏草重重碧

　　　　白云涌苍穹

决心之大虽可谓非常悲壮,然而我却怀着满满的自信,莞尔面对自己侥幸的好运。

又会有相当一段时间不能写信,请勿挂念。

戊寅八月十三日(昭和十三年)

昭和十三年十月十八日　信阳

在京汉线上的信阳。十月十八日。身体甚好。信阳已于十二日上午十一时三十分攻陷,我于翌日入城。

自南京乘船溯江至安庆,然后经桐城、舒城、六安、固始、光州、罗山来到信阳,深有远路迢迢之感。

桐城的城外有清冽河流,河滩上曼珠沙华[1]开得火红。冲了凉,洗了兜裆布。

曼珠沙华火红,拨开了花丛,拉野屎。那是个安稳的秋日黄昏。在六安,霍乱极其猖獗,确诊患者三百余名。他们并枕而卧,皆枯瘦纤弱,如折断枯竹般轻易地纷纷死去。

在固始投宿于一所初中的教室。天花板上贴着英文报纸,报纸正中是彩色印刷的鲜奶油蛋糕,看起来非常美味,躺下时正对着我的脸。

---

[1] 曼珠沙华:即红花石蒜,又名彼岸花。

那一整个蛋糕我大概吃不下吧。我每天按同样的顺序思考同一件事。因绵绵阴雨，已滞留十日。

光州是座古旧的城镇。黄昏时分入城，悄无一人的街市暗处，响着挂钟报时的声音。

抵达罗山的时候，战事刚刚开始。我们在最前线展开战斗，大炮轰鸣而来，空袭驾到。南无观世音菩萨，南无释迦牟尼佛，南无八幡大菩萨，八百万众神，请从云上遥遥照览，垂与慈悲保佑之巨手。我在信阳，还活着，现在正点起蜡烛喝着咖啡，写这封信。

汉口在翻过山约四十里处，胜利在望。

今天把一个五十加仑汽油罐的底打通，用沟渠水烧了洗澡水，洗去了沾染已久的硝烟。凡事都是穷则变，变则通，泡澡之后的舒爽心情与泡完箱根的温泉并无二致，还穿上了新兜裆布。一杯热腾腾的咖啡已让现在的我不觉沉浸在无冕帝王的心境中。下封信将在汉江写。

昭和十三年十一月十五日　汉口西北部

十一月十五日。我到现在还穿着夏衣。

目前在汉口西北约三十里处，位于孝感和应城之间的一个名叫长江埠的小村落。

这里是湖北省，我们在此担任警备。

环绕着水波荡漾的湖面和水田,不论何处,都是秋风吹动着的芦荻,吹过水面皱绸般闪闪烁烁的涟漪,每日每夜都送来冬意。

一年复一年,未食秋刀鱼,秋将暮。

已是夏衣难以抵御的寒冷。

今天小津军曹——我自六月一日起晋升为军曹——不为赫赫战功,流着鼻涕度日。无论虚荣还是声名,那样的东西我全都不要。

在南京集结之后参加了汉口战役。先溯江至安庆,然后经陆路往桐城、舒城、六安、固始、光州、罗山、信阳,入信阳城是在十月十三日,至此的情形已从信阳写了信。在信阳滞留了十二三天。

从信阳去往汉口,翻越大别山脉,途经平靖关应山约四十余里。然而这条路狭窄,山势险峻,除了步兵和马匹均无法通过。重炮、坦克、车辆部队暂且回到光州。经光州转往商城,再到沙窝,在沙窝翻越大别山脉,经福里河——麻城——宋埠——黄队,从黄队取道向北至河口镇,自河口镇向西前进至夏居,再经花园和安陆,向南至云梦来到长江埠。

汉口虽已攻陷,但不论哪支部队都进不了汉口。据说要从参加进攻的师团中聚集一个由联队长指挥的大队来担任汉口的警备。

一百六十余里路程中,在卡车上沐浴着秋阳与尘土,卡车在峡谷深山间绕行,霜叶红于二月花,苍穹不留一点云。

感到困倦时便停车到农家的地上盖着稻草睡觉。不久,月亮从天际升起。

秋夜长。肚饿。把白天挖的芋头放进篝火里烤。枪声响起,到处是打了败仗的残敌,沿着山梁逃散。他们朝着峡谷里的篝火开枪,就这样在稻草的温暖和遥远的枪声中入眠。然后天亮了,整日奔波,直到太阳落山。

十一天走了一百六十余里,其中四天滞留于安陆。

这里的老百姓依然停留在原地,治安也得以维持。早晨和傍晚有集市,蔬菜、猪肉、鲤鱼、鲫鱼、饴糖、花生、豆腐,货摊在石板路上杂然而立。用擤过鼻涕的手,抓了饴糖递过来。的确是脏,但还是买了许多来吃。

京汉线将在四五天内通至花园。那样的话,一天就能到汉口。

接下来一段日子将在这里度过,估计今年会在这里迎来正月。

一年零两月余,真可谓时光荏苒。连我这样的兵也逐渐变得老练。并没有特别痛苦的事,也没有特别愉快的事,三十六岁的年龄转眼就要过去。早晚天凉,腰疼。在秋风里伸个懒腰,觉得自己还很年经。身体甚好。

望多保重,敬祝安康。

昭和十四年元旦　应城

后备军曹，

涕泗横流，

庆新年啊。

己卯元旦
于湖北省应城
小津安二郎

自战场

比骏河屋的羊羹迟了一天，昨日收到了来信。

这时候要说羊羹的话，哪怕是成田的羊羹也能让我垂涎不已，所以实在是奢侈之极。立刻用沟渠水泡茶，品尝了羊羹。

如此看来，人的食欲什么的可谓人类最为强烈的欲望之一。难怪到现在人们还说"啃老爷子的腿"[1]，在与食欲相关这一点上，可以窥见对人生的执着，非常有趣。

---

[1] 日谚，指成年人不自立，仍靠父亲养活。

林长二郎[1]离职的事甚为妥当。以此为契机，下加茂[2]大概会被迫放弃明星制度。希望能由好导演来创作，以作品本位进行拍摄。

长二郎严重妨碍了日本电影的发展。转向别的公司，是为了艺术良心而精进云云，那是胡说。若那样的话，何不弄一部像样的出来再说。不如干脆说想要钱，还更说得通。我就知道松竹不会出钱。

《天使》观赏过了，非常有趣。脚本中小伎俩过多，有陈旧之感。这是手法运用的问题，相信下一部也非常值得期待。我认为，这类小伎俩的运用若流行起来则不妙。山中正在打仗，这一点反倒可以放心。

我觉得卡普拉可以拍有趣的片子。单个场景的处理手法如《富贵浮云》[3]的法庭场面、《美国疯狂》[4]的银行场面等等就足以信赖，且脚本虽然感觉艰涩，但从作品来看，让人觉得卡普拉其实是轻松地拍就了这部电影。

昨天筶见来信，说吐梦的《无限的前进》[5]恐怕是本年度的最佳作品，我感到非常高兴。

只是令人担忧的是，整部作品中的讽刺——野野宫保吉个性过于强烈，会不会加重了保吉传记的色彩？令人担心讽刺会不会发挥不了效用。这不仅只是野野宫保吉的故事，还想讲述A、B、C的故事。

---

[1]即长谷川一夫（1908—1984）。
[2]指松竹电影公司设于京都的下加茂摄影所。长谷川一夫早年的代表作多拍摄于此。
[3]《富贵浮云》（Mr.Deeds Goes to Town）：1936年公映，美国，弗兰克·卡普拉导演。
[4]《美国疯狂》（American Madness）：1932年公映，美国，弗兰克·卡普拉导演。
[5]《无限的前进》：1937年，日本，内田吐梦导演，小津安二郎编剧。

我希望这是个全体职员架构出来的故事,有点担心小杉的个性是不是稍微显得过于特异了。我很想看这部电影。

吐梦现在依然什么也没对我说起,因为我已来打仗。日本举国上下处于非常时期,电影也被新闻片占去了地盘。所以日本的士兵——且不说这个——我有好长时间没洗澡,身上有狗臭,很难受,而且是杂种狗的臭味。无论怎样,就想洗个澡。

上海战线渐渐走向高潮,近期我们也将出动去打第一战。虽然我不禁有些怀疑,部队已经周全无误地将一切装备准备就绪。明天晚上或者后天就会出发。

本来并不寄望生还,但如果可能的话,但愿生还。那么我就去一趟。再见!好运!作为一个士兵,这字算是写得好的吧。

随信附言

久疏问候。我现在在京汉线上的信阳,得知山中阵亡,心情非常阴郁。分别的时候,在鹤屋酒席上的约定姑且履行,奉上原稿。时不时回想起野味铁板烧(在鹤屋吃的那顿)。当兵的只要有空,肚子就会饿,只要有空,就会想吃的。每当此时,就会想起与你的约定。军邮的重量限制是二十克,为谨慎起见,我把信分两封寄出。原稿共九页,一封四页,一封五页。从信阳还不能寄信,若后方有联络的托信人，会再拜托他寄去，但不知何时才能到东京。到汉口要翻越大别山脉约四十余里，这次我也将替山中尽职。提灯游行时请一定用双手拿灯笼。请代为问候诸位，敬请多保重。

小津安二郎

信

到信阳第五天。听到山中贞雄阵亡的流言，依然难以置信。我记得山中总是精神奕奕，然而意外看到报纸，心情无法言喻。

与山中自东京一别以来，在这边曾于一月十二日在句容会面。我得知他宿营于距南京九里的句容步兵学校兵营的○○部队。那一次，我把战友的遗骨送去上海的兵站部之后，正在返回滁县的途中。一大早就去山中的宿舍拜访他，地上结了白霜，我立刻找对了地方。早晨的点名刚结束，山中如厕去了。想到能在这样的地方见到他，不禁有种不可思议的感觉。不久，山中回来，还没洗手，就先握了手。他有些消瘦，从脸颊到下颚满脸胡子，精神很好。

那天我必须在太阳落山前渡过扬子江回滁县，所以根本没时间慢慢说话。话题断断续续，关于战争，关于互相都还平安。还说到东京，朋友们的信，饿肚子的事，也说起当兵后变得喜欢吃甜食的事。山中问我回国后是否会拍战争电影。我回答说，不知道，你呢？他也笑着说不知道，笑料倒攒了许多。

山中取出烟斗，"我也来瘾头了。"说着也拿出自己的给他看。我们各自填了黑猫烟丝，并互相出示毛线手套，这是年底内田吐梦寄来的一点心意。

山中给报纸投过一篇题为《两个侥幸的家伙——山中贞雄》的稿子，他笑着把报纸递过来。

"攻打南京时，苦于没有香烟。追击匆忙，补给跟不上，只好把附近河堤上的枯草摘来当作烟叶，其中艾草最好抽。"我看完很感动，山中吃的苦远比我多，我重新打量他胡子拉碴的脸。那只是短短三十多分钟的会面。我要走的时候，山中送我到营房门口，下次见面时将会在东京。我们再度握手，就此告别。

回到滁县后不久，听说山中所在的〇〇部队自南京乘船离开了，稍后我的部队也转而北上。自那以后已过去九个月。

昨天傍晚去野战医院，战友大约三天前住院，他的阑尾炎手术我也在场。在学校改成的医院，教室改成的病房，布匹隔成的手术室里，战友被捆住手脚，划开了肚子。每当疼痛发作，肠子就从开口处冒出来。手术过程中，乙炔瓦斯多次熄灭。每当此时，军医把染了血的纱布盖在露出的肠子上等待灯光。我在黑暗中一边按着战友的两手，一边念诵十句观音经。

山中也曾住过野战医院。在没有白色天花板、白色病床，也没有任何花草的徒有其名的病房里,在用门板搭成、铺着稻草的床上,在并排而卧的战友之间,武运不济的山中,孤独一人,静静睡去。我这才强烈而切身地感受到,他是条好汉,是个不可多得的朋友。我擦拭着眼角。

信 续

我平安无事。在江西省奉新。四月五日。油菜花盛开。宿舍门口的红纸上写着:春雨润耕牛,和风吹骧马。门前一头水牛在吃草。好一个迟迟春日。

刚才在沟渠里洗了兜裆布,晾在开着桐花的树梢,头上天高云淡。姑且丢开"未醒池塘春草梦"的感慨,坐在土堤的草丛,光着屁股,想接下来要写的这封信。

许久未通音讯了。那么,该从何写起呢?

上一封信曾说下次将在汉口写信。然而汉口虽说已攻陷,却不是哪支部队都可入城。我远在汉口西北方,辗转于乡村地带的长江埠、孝感、应城各地,担任警备。

冬装送来了,但太小穿不上。九州山[1]一定也在某地正为此困扰。

---

[1] 九州山(1913—1990):著名的相扑力士。本名大坪义雄,1938年应征入伍,当时也身在中国战场。

依然身着夏装,领口因污垢变得黑亮,一早一晚脖颈越发冰凉。下霜了。

在孝感,有英国人开设的麻风病院。因是初次,便去参观了一番。据说只有人才会得麻风病,然而金鱼也确实会得,兰寿正是此症。这里的风景比任何一处野战医院都更加凄惨。

正月就快到了,为置办年货去了一趟汉口。在用作兵站宿舍的远东饭店五楼,眺望太阳旗飘扬的汉口城。与佐野周二见面,被拍入朝日的新闻。喝啤酒吃蔬菜色拉之后喝上了咖啡,怀着非常满足的心情,沿途剪了过年用的门松,回到应城。

除夕这天,加厚的冬衣终于做好了。

与冬装一起在应城迎来元旦,来这边已是第二次过年。这里的警备由山中所在的古闲部队担任,如果山中还活着,本可以在这样的地方一起过年。无益之事想也没用。一月底,部队突然决定在汉口集结。谣传纷纷,返回国内、换防、担任汉口的警备,那样就可以在电灯下睡觉了。然而都未说中,原来是要参加南昌战役,翌日立刻渡江往武昌。早春的天气和暖,江汉关的大钟在头顶悠然鸣响。

战壕里竟已升起屡屡热气,一只蝴蝶翩翩飞舞,《西线无战事》里的保罗伸手去捉蝴蝶,结果丧了命。而我不伸手,但若是鼓鼓囊囊的钱包落在地上呢?在武昌登上了黄鹤楼的山冈。

翌日倾盆大雨。从武昌往太冶,从太冶往阳新,路上泥泞四溅。

节分[1]这天,早起仅前进了约五里路,日暮后宿于山中,而后十五的月亮在山顶升起。去野地里拉屎,听见山鸟嚯嚯而鸣。瑞昌。九江。

在九江,士兵、马匹、车辆、大炮与坦克拥挤不堪。连续雨天,趁着其间一日雨霁,沿庐山山麓往东绕行,去往德安、乌石门。路旁有崭新的坟头,为数众多。不论何处都是激战的痕迹。

雨连续下了四十天,战线化为一片泥海。士兵们背上溅满泥浆,货车在稀烂的泥泞中游泳。

从乌石门到越山,再从越山到堰头湖畔,部队进入可随时出动的待机状态。

前线隔着修水河已经互相对峙了四个月。河宽三四百米,据说在宁静的黄昏能听到对岸敌人点名的声音。敌我双方都去河边汲取餐饮用水时互不开枪,除此之外的任何一枪都立刻会被报之以三倍子弹。

"兵尚拙速,不贵工迟。"这是孙子早已道破的用兵妙谛,同时也是神速果敢的日本军队的表征。幸亏这不是制片人的信条,然而这回却是孙子不以为贵的工迟战法。

朝着对岸滴水不漏的坚垒,从渡河开始进攻。为准备渡河,一线紧逼至河岸。我在黑暗中弓着身子,挖掘战壕。馒头形土堆后面就是坟场,圆铲的尖部碰触到棺材边缘,发出咚咚的声响。每当这时,就会招来对岸碉堡里机关枪的一阵盲目扫射。枪声在河面展开,蕴含雨

---

[1]节分:春分前一天,日本有撒豆打鬼、驱邪祈福的习俗。

汽的夜空传来回响。

准备就绪,炮列已排开,弹药和粮草也已备齐。

三月二十日十六时三十分,攻打南昌的修水河渡河战同时发起进攻。炮声殷殷,迫击炮的炮弹拖着尾巴在头顶交错并炸裂,震落了盛开的杏花。

十九时三十分,渡河开始。铁舟自草丛入水,士兵迅速乘船离岸,消失在昏暗的暮色中。稍后,从对岸碉堡喷出更强烈的火花。我的编制在第三渡口的三号地点,行至船底触到河底时就跳下船。水深及膝,子弹从身边掠过,奔至河滩趴下。碉堡中依然有敌人,来不及取下圆铲,直接用手挖沙,堆成枪托。周围已完全暗下来,习惯黑暗之后才发现眼前有铁丝网,铁丝网对面是碉堡。在黑暗中凝目观望,不知从什么时候开始下雨。心想如果就这样天亮的话,一定会遭受攻击。脚抽筋,手指被水浸泡,指甲变软,指尖十分疼痛。

简单行事,赶紧往前吧。

修水河的敌前渡河刚结束,夜以继日的追击就开始了。五谷岭、馒头山、蔡氏、安义、奉新、古楼岗、照山、熊足。一部从这里渡过赣河,切断浙赣铁路后从后背威胁南昌,左翼部队攻陷南昌后任务在此暂告完成。

我所在的部队原本是拥有坦克的车辆部队,但这次战列分为坦克与徒步。走路向来不是我所擅长的,但这次却走了个够,走啊走啊,坚持到最后。二十五公分半的脚底上全部磨出水泡,脚脖子也肿了起来。强忍着困顿疲乏，实在痛苦。但是日本军队绝不给困顿疲乏设置限度，攻陷一城拔除一垒才是其下限。对此，从来不乏可能的实证。

晴雨交织的十天里，是不眠不休的紧追。不论去到哪里都是盛开的油菜花。油菜花里天明，油菜花里日暮，渐渐疲劳，头脑完全迟钝。稍有停歇便站着打瞌睡，身体失去重心撞到前面人的背囊。脑袋沉甸甸的，在还活着的眼睛里，映着油菜花的炫目色彩。

对子弹的恐惧已经完全没有了，只想伸直了脚睡觉。

过了安义后不久，道路上倒毙着正规士兵和当地人。一旁有个看来刚出生不久的婴儿，正无心地玩着干面包的袋子，脸上是号啕大哭之后露出的开朗神情，这景象不论在谁眼里都显得凄惨。追击十分紧急，谁也无法顾及那个婴儿。人人都加快了脚步，只想趁它开始啼哭之前赶快经过，四行队列因此被分为左右两队。若被绑腿和大靴子踩到将会顿时丧命的婴儿，在行军的人流中间无心地玩耍着。

这情形以油菜花为背景，俨然形成一幅电影式的构图。然而这是一幅太过于电影式的风景，将镜头朝向这般景象的露骨构思我不喜欢。我也同样加快了沉重的脚步。

春日迟迟，单脖颈上就前后左右地分别挂着手枪、杂物袋、水壶、圆袋、圆铲、篷布、外套、背囊，腰上挂着一把源清麿的日本刀。每次一走动，钢盔下就往外冒汗珠。

想喝水，想大口大口地喝自来水。趴在田埂上喝了水田的水，水里映着春天的天空，水里有蝌蚪在游。不久便又出汗，还没走几步路已汗如雨下。

如果中弹身亡,身上带着汗水与污垢的衣服,也不清洗就付之火葬。如果我被装在白木盒子里回到东京,请首先把骨灰盒放在水龙头下,让水从头上哗哗地浇灌一会儿。我凝视着自己的脚尖,一边默默行走一边这么想。然而内心确实有一种我绝对不会中弹的近乎自信的想法存在,若问为什么,我无以回答。

幸好我身体不错。生来从没有像这样竭尽全力过,而且相当地尽力,这是难能可贵的体验。在我今后的人生中,在将遇到的绝境中,有如穷余之策,我将把这劲头当作最大的武器。

薄云漫漫的天空不觉间阴沉下来。

暮色笼罩在油菜花上和桐树枝头,也笼罩在宿舍的白墙上,还有书写其上的残败词句上。

中国的复兴,全恃最后五分钟的努力,你们应该忍受过程中的一切痛苦,不久的将来,悲壮的青天白日满地红的国旗,就会飘扬在你们头顶。

战争必须胜利。

下次的信将会在哪里写?从今早开始,要命地想吃豆沙包。

活在对电影的

爱情里

电影界的小言幸兵卫 [1]
——只要能赚钱,哪怕去做贼的论调是不行的!

即使傻子来导演,也会有观众

每当看到蚂蚁我都不禁感叹,它们工作起来真是兢兢业业,哪怕有一只在石头后面睡个午觉之类的也不奇怪,然而根本没看见过。在这一点上,人类就很幸运,可以随便糊弄着过日子。不管下辈子投胎变成什么,我都希望千万别投生为蚂蚁。

我一年只拍一部电影,并非因为偷懒。今年因为电影界也要全面崛起,于是我决定继《彼岸花》之后年内再拍一部。《彼岸花》的票房似乎还不错,聚集了那么多明星,大获成功也是应该的,公司这么做原本也是为了保险。我想这部片子即使傻子来导演,也会有观众来

---

[1]小言幸兵卫:源于同名古典落语。主人公幸兵卫爱管闲事,多嘴多舌,后用于指代这种性格的人。

看吧。不过，我也可以小小地自得一下：傻子来导演的话，大概聚集不了这么多明星吧？虽然不是重要角色，但他们都应允出演。多亏他们的好意，才能有这么多位明星的出演。如此众星云集，若还不能吸引观众，公司不但会万分惊诧，大概也会立刻跟我解约吧。

电影制作精良，票房又理想，是再好不过的事了。但我年轻时，总认为流行程度与艺术性是互不相容的两件事。不赚钱也行，抱定了决心要做自己想做的事，特别卖力地工作。所以，那时的作品在评论家那里颇受好评，在公司却并不受重视。还好公司认为小津的电影不太费钱，票房不佳也没办法，于是任由我随心所欲地工作。我想，若是公司准备要赚大钱的作品，票房一旦失利，恐怕就不会那么轻易放过我了。

年轻时毕竟心有余而力不足，卖弄一些通俗性、艺术性之类的高深概念，到后来回头看，却发现表达未能尽如人意。自以为在搞了不起的艺术，却使不出像样的技艺，连一扇拉门、一副格栅都做不好的家伙，就算想雕刻佛像也不可能做好。只能说这样的家伙连匠人的脚趾头也不及。

我想，还是不要把艺术之类的挂在嘴上，悠然自得地拍些赚钱的电影就好。说赚钱似乎不太恰当，但自己拍摄的作品既能给众人带来欢乐，也能给公司带来收益，这两者难道不应该是一致的吗？

导演在年轻时有各种志向，但却少有相应的技术。志向与能力达成平衡，才能真正做成事。有志向而没能力，或者有能力却没志向，都是麻烦事。

不论什么事都一一做好,在这过程中自然而然地就会把握这种平衡。这时才能像螃蟹挖掘符合自己身量大小的穴居那样,创作自己的作品。

能与孩子同看的电影

制作一部普通的作品也需要几千万日元,导演利用如此巨额的资金,依着自己的想法来完成作品。也难为公司把如此重大的工作,托付给三十多岁的年轻人们——中坚导演大多三十多岁。当今社会,且不说自己经营公司的人,大概没有多少三十多岁的人会承担数千万日元的工作。企业家们听说电影大多是由三十四五岁的导演来负责拍时,都很惊讶于公司真把工作交由他们去做。企业家的看法也确有一定道理。

所以,导演必须有值得委以重任的信用。当然,公司在起用副导演担任导演的时候会慎重。想要拥有令公司认同的能力需要时间,当上导演的年龄日渐推后也是无可奈何的事。

与过去相比,电影的水平究竟是否提高了呢?内容似乎并无太大改变。不过内容相同,包装却不一样,就好像过去是用牛皮纸包的东西,而今改用塑胶纸或聚乙烯材料来包装,有时甚至仅以包装示人。

过去即使技术水平不高,只要有情感,有人情味,电影就会受到喜爱，而现在枯燥的东西大行其道。与其说是本质变化了，不如说是包装随着流行有了变化。我想既然内容没变，还是用符合其内容的形式更好。

不久前，我在城里的一间常设影院看了某公司的预告片。一个女人，上衣虽遮住乳房，底裤的裤腰却低得几乎露出肚脐。她与男人共舞，边跳边把男人拖往暗处，在床边坐下。接下来的场面是在窗帘后面接吻，一边接吻一边跳舞……最近这类电影非常泛滥。

我并非要说同行的坏话，但如果我是做父母的，一定会不许孩子看电影。靠电影赚钱可以，但也应该有赚钱的规矩。希望他们稍微讲一点道德。虽说做小偷也是赚钱的一种方式，最初是小偷小摸，然后变成盗贼，再变成明抢，最后甚至用菜刀威逼着强奸，到这一步就没救了。希望各公司能认真思考，至少拍一些与孩子同看也不会脸红的电影。

我们常常说，要拍不害臊的电影。然而公司一心想赚钱，我们自己又漫不经心，两者相加感觉就好像小偷小摸变成了强盗。我想这与日本电影数量过多有很大关系。在这一点上，我反对各公司一场上映两部新电影的做法。因为，此前的片场就已在全力运转，各种道具、工作人员都没有空闲。这时候还要一场上映两部的话，电影的拍摄量就会增加。现在就已毫无剩余劳力，再一分散，将更难拍出好作品。

虽说要两部新作一起上映，却不增加人手，增设摄影棚，也不是因为喜欢这样，而是背水一战，所以肯定没有相应的准备，质量下降也是自然的了。

我想,如果两部同时上映不能赚钱,不久后又会考虑单部上映。无论如何,都是因为目前日本电影正处于过渡期。

不久前,NHK的人来问我:"电影到底也开始一次放两部了呢,这是怎么了?"那语气俨然没把电影放在眼里,我愤而回敬道:"说是两部同时上映,你们那里难道不是向来这样吗?一台和二台……"于是他们又说:"不是啊,一台是娱乐节目,二台以教育为主……"我就说:"电影也一样,只拿电影说事可说不过去啊。"他们回答说:"哦,是吗?"后来把这一段从录音中剪掉了。

既然能赚钱,《文艺春秋》也出别册,如果卖得不好,他们自会停办。大家做一样的事,却只觉得电影是堕落了,我觉得这种看法不合理。

出别册的原因之一,也是由于主册容纳不下更多内容。就能够增加了新人出场的机会这一点来说,我赞成两部电影同时上映。

新人的新鲜感

我认为电影没有文法,也没有非此不可的格式。只要拍出优秀的电影,就会形成独特的文法,所以电影只管随心所欲地拍就行了。

年轻的副导演也一样,刚进制片厂的时候,一定都胸怀远大的抱负。然而在常年跟随导演跑腿打杂的过程中,自己曾拥有的新鲜手法逐渐消失。耳闻目睹常见手法的过程中,就会认为,原来电影的文法如此这般,于是渐渐妥协。就这样,即便当上导演,拍摄方法也会变得雷同且平庸。日本电影中看不到新意,原因即在于此。

所以,我偶尔看墨西哥或意大利的新人或业余导演突然来制片厂拍出的东西,从他们的片子中可以感受到令人吃惊的新鲜手法。虽然没有看过石原慎太郎导演的作品,但是我想一定有其有趣之处。

对石原导演这件事,副导演们尽是反对的,我觉得很奇怪。[1] 他们是因为突然来了个外行人当导演感到不愉快吧。如果这样的话,副导演突然发表小说,文艺家协会也会生气吧?我们写小说,他们并没有生气,写小说的家伙们来拍电影,我们就生气,这也太偏见了。即便生气,何不协助他拍完电影,然后在作品完成后彻底批判之?还没开拍就嚷嚷不也没用吗?

最近志愿当导演的人非常多,考试也相当难,我甚至觉得能通过如此艰深考试的人恐怕不适合做导演。知识那么丰富的人,或许应当在其他方面发挥他的所长才对。若是在今天,我和木下惠介大概都属于落榜者。

要成为掏粪工,只需要有强壮的手臂,有挑得起粪桶的肩膀和腰杆,有忠厚的人品就好,不知道圣德太子[2]也无关紧要。圣德太子也

---

[1] 1958年,东宝想要起用没有副导演经验的石原慎太郎为导演,遭到了副导演协会的一致反对。
[2] 圣德太子(574—622):日本飞鸟时代的皇族、政治家,他引进中国的先进文化和制度,推动日本的政治改革,并加强了中央集权。

许会有求于掏粪工,但两者不会有太大关系。同样的道理,对志愿当导演的人施以跟报社或杂志社同样的考试,我认为是弄错了对象。比起这些,更有必要开设测试其眼光、想象力、几何画图能力的考试,尤其是比如"将圆锥形倾斜六十五度角时形状如何"之类的几何考试,因为这些在写分镜头剧本的时候是必须的。

如今的副导演都是大学毕业,并通过了严格的考试,所以头脑都很聪明,做事条理清晰,记忆也好。从导演的角度来说,非常方便好用。可是难道没有更能发挥他们能力的途径? 我不禁为之惋惜。

靠不住的人气

拍摄《彼岸花》时,从大映[1]借调了山本富士子[2]。听说,大映的永田社长认为山本富士子的角色是配角,太没意思,要求改写剧本。在我看来,由山本富士子这样的美女演员来出演美丽、有谐趣的角色,十分讨喜,又能拓宽她的戏路,相信对她只会有益而绝不会有害。

我见到她,询问意下如何,她说:"请让我演。"既然如此,我们就直接进入了拍摄。

山本富士子不愧是大映珍藏的明星,完全具备成为一流演员的素

---

[1] 大映:1942年1月,统合日本国内几家小型电影公司成立的"大日本映画制作株式会社",简称大映。
[2] 山本富士子(1931—):日本电影女演员,曾获得电影旬报最佳女主角奖。代表作品有《彼岸花》《白鹭》等。

质。最令人感叹的是，她没有坏习惯。美女往往惯于注意如何使自己显得漂亮，注重姿势、目光等，绝不让人看见其欠缺之处。而她没有这些习惯，非常自然，不曾沾染奇怪的演员习气，理解能力强，工作热心，不辞辛劳。

说来，不论是有马稻子还是久我美子，当今的一线明星都极其努力，拼了命地在工作。因为若非如此，她们将难以保住地位。一流明星当中确实没有那种明天有拍摄任务，今天必须研读剧本，却跑去接受客户招待的人。他们通常都是构思好这个场面要如何应对等，并把台词牢牢记住，才来参加拍摄。

人气容易让人沉溺其中。一旦在人气投票中位居前列，就会产生广受尊敬的错觉。人气这东西并非伴随尊敬而存在，完全是浮萍般没有根基的东西。所以要趁着有人气的时候，努力磨炼技艺，不再仰赖人气。

如果沉迷于自我陶醉，以为只需微微一笑，众人就皆为我倾倒的话，人气这冷酷的东西转眼间便会消失殆尽。到那时候可就惨了，但也只能说是自作自受。常言道："有备无患"。趁着有人气的时候磨炼好技艺，那么即使失去了人气，也能作为一名出色的明星通行无阻。

身为导演，不论是谁大概都会考虑尝试各种演员，然而平时交往的圈子范围却相当有限。恐怕也很少有哪个演员能够出演各种导演的作品。

这是因为来源自"六社协定"[1]的专属制。希望大家彼此间能通融一些。诚然,某公司出钱出力培养成才的新人,不想在即将发挥作用的时候被别的公司挖角。然而只因是本公司培养的人才,不让外人占去,到头来自己却把人搁置一边。

津川雅彦就属于这种情况。虽然我不了解深层原因,但是我认为实在不应该把有前途的人弃之不用。也许会导致不愉快,但应当允许他走出去,条件是如果原来的公司有工作时,可以再叫他回来。希望至少能有这样的雅量来解决问题。如果"自己公司的明星绝不外借"的话,"六社协定"就成了日本电影发展的绊脚石。

说起"六社协定",听来仿佛是和平协商的约定,而实际却像是争吵时的约定:手枪不要带,可以用大刀,但是刀刃长度不能超过多少寸,手下最多可以带几人。不就是这种东西吗?

不值得参考的电影评论

儒勒·列那尔曾经说:"写得好别人的评论,却写不好自己的评论。"看他人的漫画像,觉得很相似且十分有趣,而一旦画的是自己,就感觉一点都不像。批评的局限即在于此。

电影评论也一样,若是针对别人的作品,就会觉得语中要害、深

---

[1] 六社协定:即1953年由松竹、东宝、大映、新东宝、东映五家电影公司为防止导演和演员的自由流动而签订的合约。自1958年9月,日活加入后改称"六社协定"。

有同感，而一旦矛头指向自己，就会觉得这家伙简直胡说八道。评论家的评论往往不能作参考。同业者的评论更贴近现实，最为难得，让人有彻骨之痛。

电影的剧情必定会有矛盾，会有不真实之处。若没有矛盾，就不是故事片而是纪录片了。比如《彼岸花》，佐田启二不曾跟恋人事先说好，就突然去见她父亲那一段即是如此。这样的行动在现实中难以想象，但如果没有这一段，这部电影就没法成立了。

还有一例——举作例子实在抱歉——即电影《冰壁》中，山本富士子曾与某男共度一夜犯下错误的那段剧情。电影给人的感觉是山本富士子绝对不可能犯错（从这个意义来说，任用山本富士子算是选角错误），但这部电影的剧情原本就是从这个不大可能的谎言展开的，若要在这儿挑剔，这个故事就崩坏了。

所以说，追究这样的矛盾之处不可取，如何巧妙地掩饰过去才是主要问题。评论家屡屡责难此类矛盾，对故事追根究底，那就没什么好说的了。我们自己对这些地方心中有数，即便该处被责难为"荒诞不经"，我们也觉得无关痛痒，不值得参考。

所谓评论，就是可以畅所欲言。我也觉得电视剧很无聊。很多地方让我觉得可以更好，但又想：不，这要是变好了，岂不是会威胁到电影，抢了我们的饭碗？千万不能让它变好，还是保持沉默吧。

更麻烦的是，电视剧往往要看到最后才知道很无聊，结果是白白浪费时间。所以，希望在电视剧开始之前就能够告知"这部分请一定要观看"或是"这部分赞助商给的钱少,比较无聊,有空闲的人可以看一看"。这样的话,倒会让人感念赞助商的好意……作出一副好戏即将开场的样子拖住观众,到头来让日本国民都变懒了。

明知人只有两只眼睛,却在同一时间播放内容相似的节目,实在是愚蠢。虽说有"二十四只眼睛"[1]的故事,但普通人的眼睛只有两只,太多电视节目就是浪费。何不顺便减少电影的数量,广播只设一个台,报纸也仅限一份?那一定会相当轻松吧。

身为守旧之人……

虽说已经到了一九五零年,我却并不认为会出现特别新鲜的事物。永远通用的东西才能常新,满大街长裙之类的流行仅仅只是现象而已。现象是不变的……因为那是新鲜的东西。所谓旧或新,如果就现象来说的话,今年我却偏要追求旧的东西。

当然,我最大的期望是制片厂的机器设备能更新。我现在对目前制片厂使用的摄影机的心情,就跟一边嘲笑街头行驶的破旧汽车,一边又羡慕外国的新汽车一样。希望我国的制片厂也能早日配备新的摄影机和录音设备。

---

[1]《二十四只眼睛》:日本作家壶井荣的小说,木下惠介曾将之改编为电影。

总有人说我国的电影题材范围狭窄，无奈这是因为日本自身就很狭窄。要使电影事业本身更加健全地发展，必须为编剧和导演加强经济基础才行。

在我看来，掌握新题材虽然重要，但更重要的是用从前就有的常见题材去创作更好的作品。朝着高水准作品努力，就是我今年的工作。

战后已经五年，观众的眼光也越来越高。为了回应观众的成长，必须创作好作品。好作品就一定能吸引观众。为此，大约从今年开始，好作品应彻底实施长期上映制度，这样一定会使作品质量得到提高。迄今为止，电影的上映方式给人的感觉就好像是不停地更换蚯蚓诱饵去钓鲫鱼。经营者们应当知道，观众对此已越来越厌倦。

新人方面，不论是导演还是演员，目前我国实行的制作人制度反倒有阻碍新人涌现之嫌。为了让制作人在今年能做些新的冒险，公司决策者有必要反思。

电影以余味定输赢

我成了艺术院会员。我想，这大概可以说明，国家终于认可电影是艺术了。这事我也大吃了一惊，感觉成了什么伟大人物。沟口（健二）君要是还活着，我想，他会成为第一个入选会员的电影人。

但是，我不可能因为当上了艺术院会员，便就此宣称"我只拍艺术电影"。我身在松竹,与松竹的员工都是朋友,所以必须为松竹着想。电影这东西的性质本就如此,不能只考虑到自己的得益,更何况电影的制作费变得越来越高了。

二月,我母亲去世,所以大家都说:"今年你家又有喜事,又有不幸。"死是上天的安排,并不是什么不幸。骨灰放在家里,我也不能日日诵经,所以前不久我去高野山安放了它。

电影也渐渐出现宽银幕电影、七十毫米电影等变化。但我依然是想用标准规格的胶片,继续拍宽银幕不能拍的作品。特别是拍《秋刀鱼之味》时,这种想法尤为强烈,因此这部片子镜头数很多,大概超过一千吧。

大体说来,电影是以单纯拍摄像舞台那样的横向画面开始的。关于这个问题,昭和初期,我和山中贞雄、内田吐梦、伊藤大辅他们曾做过纵深画面的尝试。然而自从有了宽银幕,就总是要往横向扩展。我剩下的日子也没几年了,不想拍那种好像从邮箱投信口向外看似的电影。

所谓电影,我认为余味最重要。最近,似乎很多人觉得要有动辄就杀人、刺激强烈的剧情才是故事片。但那样的影片不是戏剧,是意外事件。我在想,是否可以不要意外事件,只以一种"是这样吗?""是这样""就是这样的啊"的语气就把故事讲完满呢?当然电影的范围非常广,不论什么样的电影都可以有……

今后也想认真拍,无论如何一年一部吧,虽然多拍几部的话,晚酌也可以多来一瓶享受。关于下一部作品……我也是人,拍不了不一样的片子啊。松竹的女演员阵容很齐备,相当不错。比如岩下志麻,是十年才出一个的纯情型,符合松竹女星本应具有的气质。冈田茉莉子擅长稍带谐趣的角色,让她演那样的角色大概无人能出其右吧。

张弛有度的艺术

关于电影,艺术和企业这两样不能完全分开考虑。毋宁说电影是在企业中创作的艺术。对文学、绘画等个别艺术来说,无视企业的因素,其艺术性大概也可以成立吧。但是,电影这种综合艺术即便具有艺术性,是艺术价值较高的东西,无视企业性还是太偏激了。反之,仅以企业性行事也绝对不行。所以制作电影的企业若只考虑盈利,而制作一方则不管耗费多少制作时间和资金,只想创作有艺术性的作品,都不能改善电影本身。

站在导演的立场,在创作一部作品的时候,也并非时刻意识到这是企业中的艺术,在创作过程中还是一定会沉浸在艺术性的情感中。我们也是如此。但是,我认为一部电影从策划到完成,企业性和艺术性两者的流程必须调配得当。这一点不论是出资方还是创作方都应当互相理解才对。

我认为,创作艺术的艺术家轻易地自称为艺术家,这很奇怪。

轻易被称为"文化艺术"的究竟是什么东西？我们考虑这个问题时，都在费心展示着自己正开创与创作着艺术的姿态。我想，在这艺术的名义后、庇荫下也隐藏着许多东西。以目前日本的状况来说，投资者与创作者应当友好地一同竭尽全力，在现有的环境中创作好作品。我想，这才是企业性之中的电影艺术性。这样若还做不好，那被称作庸才也是无可奈何。这听起来很消极，但电影不是只用稿纸、钢笔和墨水就能创作出来的东西。如果无视出资者，电影就无法完成，因为这不是单靠自己就能创作出来并欣赏的小东西。为了创作电影，必须有许多以此维生的人以及许多物资，要耗费金钱，所以完成的电影必须产出利润。当然，如果有一大笔钱，我也想随心所欲地拍电影。但实际是，目前，电影是在企业中完成的，所以我们还是应当在企业中努力创作。没有所谓的艺术作品也罢，但电影在根本上应该是愉悦之物。如果每一部电影都青筋毕露地要争着被称为艺术作品，那么电影的格局是否反而会变得狭小？从日本的现状来看，难道不是已经有失偏颇了吗？常有人说"为了艺术"，这未免太看轻艺术了，对艺术要有敬畏之心才好。真正的艺术应该是更高尚的东西，真正的艺术家应该对艺术抱有羞怯之心。难道只要肯花钱、花时间就能创作出有艺术性的作品吗？我认为艺术不是那样的东西。我们应当对电影立足于企业性的艺术性有更深刻的思考，并创作出好的作品。

无论是哪种形式，电影艺术都不能离开企业。像美国那样，只要制片人在企业中为艺术着想就可以了。我认为东宝就是因为没有能在企业中创作好作品的合适的制片人，所以才导致了这次的失误[1]。不能只说："公司高层不懂艺术，我们想要创作的是艺术作品。只要能创作有艺术性的作品，哪怕公司倒闭也没关系。只要作品好就行。"从现状来看，不论谁都能认识到这一点。但另一方面，也不能说只要能赚钱就行。大体说来，东宝那般水准的作品不管多少也不至于把公司搞垮，到底还是经营者管理不善。看看东宝所做的工作，再与同为电影公司的松竹相比，在各项工作上可说是预算大不相同。我认为东宝做得很好。在我看来，不论是制作天数还是费用，居然能做到那种地步，实在难得。但他们还是未能坚持到最后。与美国的情况不同，日本电影市场销路太窄，不停地拍超过一万英尺胶片的作品，难以维持也理所当然。现在想来，或许可以说当时东宝是处于"无政府"状态，没能尽早商谈解决对策，双方都有错。而今，事情以解雇告终，从人道的角度来看也难让人点头赞同。

从电影制作的现状来看，在观看东宝超过一万英尺的作品时，我不禁会想：这用七千英尺应当也能拍出来，感觉加了过多的赘肉。如果这类如赘肉般的东西也叫作艺术的话，我辈只好闭上嘴到一边去了。或许，我在松竹创作的也是不合企业精神的电影，但即便如此，我还是尽量遵从公司的意见，站在导演的立场上为企业考虑。其中的协调

---

[1] 即所谓的"东宝争议"。1946至1950年期间，东宝电影公司多次发生劳动纠纷，于1950年解雇了约200名工作人员。如黑泽明、成濑巳喜男、原节子、高峰秀子等诸多有影响力的明星和导演退社，部分人员重新组建了"新东宝"和成立了"电影艺术协会"，对日后的日本电影界产生了深远的影响。

关系到头来仍是人与人之间的彻底信赖，我想没有什么是不能商量或妥协的。虽然我不了解详情，但东宝的情况最初是因情绪而起，他们又是多家合并的公司，人与人之间缺乏联系大概也是不利原因。双方的意见都可以理解。

日本电影的现今状态是，还未到可以为了艺术作品不顾一切的地步。从日活、东京发声、第一映画等来看，他们都是拍出好片子后顿时陷入了困境。东宝也是如此，拍出了令人敬佩的片子，但是公司却倒闭了，这可不成。

我想，最好既拍些以长远眼光来看也属佳作的作品，也拍些容易的作品，逐渐地教育大众，使电影不断发展。现在是什么让双方就艺术反目呢？不论谁都想尽快把日本电影做好，但也不能滥用艺术。在这个意义上，东宝工会一方提出的制作二十八部电影的要求，不管是为了确立艺术性，还是有想敷衍了事的成分，总之是考虑到了在企业中确立艺术性这事才提出这二十八部的提案，所以希望公司一方也能尽量听取对方的意见。

工会一方过度宣传耗时越多的作品越有艺术性，结果使这条艄公太多的船驶上自称艺术的乱石滩。成天把"艺术"二字挂在嘴边，在自诩的艺术中寸步难行，最终导致艺术本身的退步，这种行为是愚蠢的。过分地夸大只会让艺术成为消耗金钱与时间，却不能赚钱的东西。

电影艺术，是在企业中创作的令人愉悦的东西，是必须具有包容力的东西。

愿描绘泥中之莲

说到我的目标,我也并没有特别的方法,就是按我自己的方式去做而已,简单来说,大概就是顺其自然地拍摄吧。这是方法,若说到本质,我则不由得要稍作思考了。

例如,我希望让大多数人都能理解我在战后拍摄的东西,但这样说是否太厚颜无耻了呢……

总之,面对摄影机的时候,我时刻在考虑的根本的东西是要通过摄影机深入思考,还原人们本来丰富的爱……战后,风俗呀心理呀那些所谓战后派的东西或许与从前不同,但流淌在其深层的东西,若说是"人性"也许过于抽象,或许可以称为人类的融融温情。如何才能最完美地将这些体现在画面中,这是我时常考虑的问题,也是我想要做到的。

泥中之莲……这污泥是现实,莲花也是现实,污泥肮脏,莲花美丽,而这莲花的根仍然长在污泥之中……这种情况下,我认为有通过描绘泥土与莲根来表现莲花的方法,反之,也有通过描绘莲花来反映泥土与莲根的方法。

战后的社会的确藏污纳垢,杂乱不堪。肮脏的东西令我厌恶,但那是现实;与此同时,也有生命谦恭、美丽、纯洁地绽放着,这同样是现实。若不能看到这两个方面,很难称得上是创作者吧。不过,描绘方法有两种,就像我刚才举的泥中之莲的例子……

但这种时候，如果讴歌美化人情世界，就又成了怀旧或徘徊不前。这种单一的看法大概是战后的风俗，但我认为，真实并非只有一面。《晚春》《风中的牝鸡》，还有更早的《长屋绅士录》，我的系列电影是由上述理念支撑的……

在剧本糟糕、摄影机不行的恶劣环境中，如何才能表达丰富的内容？必须用心留意每一帧画面。我那"顽固较真"的别名大概就这么来的吧……

活在对电影的爱情里

问：小津老师从《我出生了，但……》《独生子》等作品开始，到战后的《长屋绅士录》《晚春》，再到这次的《麦秋》，走过了相当漫长的路途。我想请问：在这段路中《麦秋》的定位，或者说关于这部作品，老师您的抱负是什么？

答：《麦秋》与《晚春》最相似。但站在我自己的角度，若说想从中表达出什么，能否做到还不太确定。总之，我想减少戏剧化的东西，在内容的表达中自然而然地积成余韵，成为物哀之情，让观众在看完这部电影以后，感到极好的余味，我希望能够做到这样，于是就开始尝试了。话虽如此，等拍完后一看，片子若没有这种感觉那就什么都不是了。这个问题在拍完之前还很不好说，只能说我追求的是这种感觉。也就是说，不是要往片子里盛满表演，而是只表现七分或八分，看不见的地方应该会形成物哀吧。这就是片子的追求，如果有意思的话，我将来还想尝试拍这样的片子；如果这次效果不理想的话，我打算重新学习、思考今后怎样才能拍出理想的效果。话虽然重复，比如以小说来说，大概就是字里行间的言外之意，以日本画来说的话，大概就是留白之妙。总之就是不把感情暴露在外，以此推动剧情，而在某处，自然而然地可以品味到那种感觉，就是这样。因此，题材对我来说感觉是比较冒险的。不过，也不能说在此之前完全没有拍过这样的题材，总之，差不多应该可以拍出这样的东西来了吧，我是以这样的心情在拍的。（他字斟句酌、断断续续地说）

问：关于这一点，不久前《东京新闻》刊载了笠智众先生的艺谈，其中提到，您观赏了马蒂斯[1]展之后曾说："很从容，有游于艺之感，的确了不起啊……"

答：那其实不是我说的，而是志贺（直哉）老师写过那样意思的话，我深有同感而已。怎么说呢，这也不是那也不是地反复构思做成的工作，虽然肯定也是艺术，但是做的人自己却不觉得乐在其中，说得严重一些，他仍然是手艺人的水平。老师是这么说的。在这个意义上，以我的水准，依然还没能超越手艺人吧。（说到这里，小津老师露出了微笑。不是自嘲，是那种了解自身的人才有的坦荡微笑。）

---

[1] 亨利·马蒂斯（Henri Matisse, 1869—1954）：法国著名画家、雕塑家，野兽派的创始人和主要代表人物。作品有《舞蹈》《斜倚的人体》《红色的和谐》等。

问：您在战前曾怀着爱心描绘过工厂的煤气罐、荠菜，以及居住在那样环境中的人们。但战后，那些东西都从画面中消失了。没有了饭田蝶子扮演的那个年代的大婶以及令人疼爱的淘气孩子，我们不禁感到几分寂寞。对此，您的看法是？

答：这么说可能不太好，因为住在那些地方的人，已经渐渐不像过去那样有爱心了。过去那些人不像现在这样没有人情味。比如，以前他们在自己的房前种上牵牛花之类，怀着美好的愿望，但近来却有到处乱扔垃圾这些事，我觉得他们的生活素质似乎降低了，令人亲近的一面已经不像过去那样容易看到了。（停顿少许）

一是因为——我想可以这么说吧——那就是，在描绘肮脏之物时若将它描绘成美丽的东西，那就成了谎言。夸张地描写它的肮脏也行得通，但是，我认为这样也不是真实的。这个意义上，共产主义的电影就不是写实的。我们也许强调了美好的一面，在这一点上也可以说是同罪吧。（笑）但总而言之，今后我的片子里煤气罐和淘气孩子也可能再出现，因为我也不可能一下就成了暴发户。（众人笑，约定的五分钟早已超过，小津老师自己也已经忘了这个约定。与最初的严厉印象不同，他感觉就像一个容易亲近的大叔。）

问：那么，您也可能会从《晚春》《麦秋》的世界再度回到建在草丛中的工人住宅区或贫民区，对吗？那些大婶现在依然念着您呢。

答：因为那是我作品的出生地，我不会回到别的地方。但是，我实在是没有心情去尝试描写那些令人厌恶的家伙。

问：到那时，我们是否可以希望并期待，您的电影不再是当年那种令人不堪承受的寥落感，而是表现出更积极的今日风采呢？

答：是的。我想如果现在拍的话，我就不会选择表现那么绝望、消极的一面，而是会试着找更明快的来拍。过去我的确会任其让人不堪承受，感觉似乎有点不负责任。所以，如今回头去看，一定会选择拍与那时候更加不同的东西吧。真实性也许会打折扣。说是说要找明快的东西拍，但我并不是要成为教育者，总之就是想从这个方面尝试一下。（说到这里时，语速略快，有些激动。）

问：明快的一面，应当有吧。

答：会有吧。不过，要不作假很难。若是像教育电影那样假惺惺的话，我可受不了……

问：您已经做了二十多年的导演，在这期间，社会有了相当大的变化，题材也有了各种变化，您始终不变一直追求的东西是什么呢？

答：就我而言，应当是人情吧。

问：是浪花曲[1]的那种人情吗？

答：不太一样。我所说的人情是不变的东西，但表达方式可以说是渐渐发生了变化。

问：您自身没有变化，可是社会在变化，您的目光也渐渐转移了，从背景、人物方面来说，就是从平民区的人们转向了住在镰仓一带的

---

[1]浪花曲：江户末期出现于大阪的一种说唱形式，以三味线伴奏，题材广泛，故事多以义理人情为主题。

大学教授家庭，把感情倾注到了那里待字闺中的年轻姑娘身上？

答：就算是转移了吧。但是，本质上什么都没有变吧。人这种东西，不会那么轻易就改变的……关于刻画对象，我虽然经常以女性为着眼点，但总体说来，妓女、寡妇、艺伎之类的人物或许因为其特殊性，自身有个性，相对来说比较容易把握。年轻姑娘属于较难描绘的女性类型，在小说中也是这样。仅只这一点来说，我想要用心刻画年轻姑娘形象的愿望确实很强烈。

问：还想请问，在您身上，是否有西方导演的影响？

答：我想有不少。例如，最近我非常喜欢威廉·惠勒、约翰·福特等。看了那部《女继承人》，我非常佩服。若说佩服哪一点，或许可以说是使用物品时的电影式感觉吧。我很受启发，也想模仿一下，但这并不是说这里人家是这么拍的，我也想试着这么拍。也就是说，我想模仿的是处理方式。那是美国，平底锅上直接涂了黄油就可以煎炒食物，但我们不同，要从用鲣鱼屑取汁开始。所以，处理方式应当是在感觉上受他们影响吧。比如看了惠勒的片子后，我在某种情况下，就会想到"这样的场面在那部作品中也有过，那我也试着像这样拍一下吧"，而不是具体地如何如何模仿某处。

问：就这个意义而言，在内容方面影响您的，应该是来自文学等艺术作品的感受吧？

答：文学？是的。

问：具体是什么作品？

答：还是志贺先生写的东西。怎么说呢，他的小说里，对事物的看法与对人的感情等都表现得非常深刻。不只是写事件如何进展，而是通过事件写人对事物的看法，还有就是文中满怀爱心的观点吧。

问：但是，想参与到社会、事件的激烈变动中去难道不也是人之常情吗？

答：让擅长那种事的人来做就好。比如有人做纳豆，有人做油煎豆腐，也有人做豆腐。我想，我只做纳豆就好。即便同样是纳豆，我想继续做更加不同的纳豆。我觉得，要做我必须做的纳豆就已经够忙的了。

问：是更面向平民的纳豆？

答：那是题材的问题，如果有好的题材，我就拍。但是在内容上，平民区题材很难独当一面，需要更巨大、更绚烂的东西。那样的话，应该也可描绘大婶或流鼻涕的小孩，那又会是件非常不容易的事。

问：所以你拍《晚春》《麦秋》是出于商业上的需求吗？

答：那是我想做在我想法的基础上，商业上也有所成就的东西。即便是同一部片子，销售部从商业层面来考虑，制作部则从艺术层面来考虑，互相协力而行，但又各不相同。所以，我创作时并非是抱着赚钱的想法在做。还有一种情况可能更常见：在制作一套布景的时候，出于制作能力以及我们的想象差距，在实际中有时候相当难实现。不过，如果说是镰仓一带的中产阶级家庭之类的布景，只需摆上几本旧书，布景立刻就能完成，外景也可以迅速拍完，也有这些好处。当然，这是内部说的话。

问：那么再回到前面的问题。您说，比起过去，平民的生活中没有了人情味，原因是什么呢？

答：那不是他们的错，仍是社会的错。但如果说是社会的错，说起来就没完没了了。但是，如果某日人们看到电影人物可以做坏事，并且认为"电影里这么做，那我也可以放心去做"，这种让坏人看了安心的电影还是会让社会变坏的啊。所以，我想多描绘一些别的东西。

问：我明白了。虽然我想我能明白《麦秋》的世界里表现出来的令人深深感动的美好，但也觉得，实际上那只是逃避荒废社会的栖身之地……

答：就像我刚才回答过的那样，我只是个做纳豆的……

问：我并不是在要求您攻击社会的恶，而是希望您能再稍微接近我们的、困苦一点的生活中，来体现出那些美好的东西。比如《麦秋》中，嫂子和妹妹吃九百日元的鲜奶油蛋糕那个场面。嫂子虽然说"有这些钱，不知可以买多少布料呢"，但她一边心疼钱，一边还是吃得很香。九百日元的鲜奶油蛋糕对普通人来说是不是太昂贵了呢？

答：（稍作思考后，很明确地）那还是吃了啊。她不还是吃了吗？一边觉得可惜，一边还是觉得好吃……

作品自谈

○忏悔之刃（懺悔の刃）

说实话，我当时并没有想那么早当上导演。副导演的话，可以悠闲地喝酒，要是当上了导演，还得熬夜构思分镜头剧本。但是，周围都说拍一部吧。如果拍，我想拍的是之前自己写好的一部名为《瓦版咔嚓咔嚓山》的剧本。然而到了快要开拍的时候，定下的却是这部野田的本子。昭和二年八月，我接到公司的任命书。

"任命为导演，但是隶属古装剧部。"

就这样带着"但是"。当时，古装剧部比现代剧部低一等呢。哪想接到任命书后，蒲田的古装剧部就解散了。唉，到头来，我卡在了一个不上不下的位置。这部片子刚开拍的时候，入伍通知书就来了。于是我急忙赶拍，但还是没赶上。我加入伊势的联队之后，剩下的部分和开场镜头由斋藤寅次郎先生代拍。回来后，片子已经上映了。我在电气馆[1]看的，不觉得那是自己的作品。所以，虽说是第一部作品，我却只看过一次。

---

[1] 电气馆：日本浅草的一家电影院，是日本最早只放映电影的剧院，早期只放映外国默片，后改为只上映日本国产电影，1976年停业。

《忏悔之刃》（松竹蒲田·昭和二年）原作：小津安二郎 编剧：野田高梧 摄影：青木勇 主演：吾妻三郎、小川国松、河原侃二

○**年轻人的梦**（若人の夢）

《忏悔之刃》之后，我拒绝了六七部公司安排的片子。实际上，我并不想太早当上导演。悠闲了一阵，我决定自己创作剧本，当然是按公司的计划写的。与后来一直为我的作品担任摄影的茂原君的合作，也是从这部作品开始的。他是个能拍出好色彩的难得摄影师。现在，为我的片子摄影的厚田君曾经是茂原君的助手，从这部《年轻人的梦》开始就已经一起工作了。

《年轻人的梦》（松竹蒲田·昭和三年）原作、编剧：小津安二郎 摄影：茂原英雄 主演：斋藤达雄、若叶信子、吉谷久雄、松井润子、坂本武、大山健二

○**老婆失踪**（女房紛失）

这是某杂志的得奖剧本。说不上很有趣。说实话，情节我已经记

不清了。这是公司分派下来的工作企划。

《老婆失踪》（松竹蒲田・昭和三年）原作：高野斧之助 编剧：吉田百助 摄影：茂原英雄 主演：斋藤达雄、冈村文子、国岛庄一、菅野七郎、坂本武、关时男、松井润子、小仓繁

○**南瓜（カボチャ）**

这是一部非常短的片子。不过，大概就是这时候吧，我终于开始懂得怎么写分镜头剧本了。

《南瓜》（松竹蒲田・昭和三年）原作：小津安二郎 编剧：北村小松 摄影；茂原英雄 主演：斋藤达雄、日夏百合绘、小樱叶子、坂本武

○**搬家的夫妇（引越し夫婦）**

这也是公司分派的剧本。在当时，即便是分派，我觉得自己能做的时候就会答应拍摄。我那时候也想自己稍作一些尝试呢，因此拍了

些这类"导演着玩儿"一般的东西。但是拍出来之后,大部分都剪掉了,没能成为预想中的样子。

《搬家的夫妇》(松竹蒲田·昭和三年)原作:菊地一平 润色:伏见晁 摄影:茂原英雄 主演:渡边笃、吉川满子、大口一郎、中滨一二、浪花友子、大山健二

○肉体美(肉体美)

应当说就是从这部片子开始,我的作品总算像回事了。公司第一次认同我,就是因为这部作品。当时在旬报上,内田岐三雄针对这部作品写了精彩的评论,我还记得呢。我自己也有了感悟,知道电影应当这样拍。如今的导演一旦自立,应该就可以拍七八卷那种普通长度的片子吧。而当时,只让新任导演拍一些三卷长度的片子,新导演很难把握自己的风格,因此到弄明白自己的时候已经耗费了很长时间。

《肉体美》(松竹蒲田·昭和三年)原作、编剧:伏见晁 润色:小津安二郎 摄影:茂原英雄 主演:斋藤达雄、饭田蝶子

○宝山（宝の山）

记得这部片子被催得很急。接连熬通宵，整整五天没合眼。意外的是，竟然不觉得累，第六天早上还练棒球了呢，球居然看得很清楚。真年轻啊！不过，后来还是不行，很长一段时间身体都不舒服。

《宝山》（松竹蒲田·昭和四年）原作：小津安二郎 编剧：伏见晁 摄影：茂原英雄 主演：小林十九二、日夏百合绘、青山万里子、冈村文子、饭田蝶子、浪花友子

○**年轻的日子（若き日）**

一部穿插着滑雪情节的学生喜剧。主人公是个学生，住在一处正在招租的房子里。会是谁来看房间呢？如果是讨厌的家伙，就说"哎呀，我刚租下了"把人赶走；如果是漂亮姑娘，就把房间让给她，自己做出牺牲搬出来，并故意把东西忘在房间里，然后装作回去取忘记的东西，创造跟姑娘说话的机会。

这类故事，当时伏见晁和我想了好几个。这时期的片子很多是与伏见共同创作的。每到傍晚，我就和伏见两人到银座去，喝酒、吃饭，然后一边聊天一边回我在深川的家。到家两人又开始瞎聊天，听听唱

片，夜深后喝点红茶什么的。就这样，到天亮时，一个故事就写出来了，一夜肯定就能完工。现在想来觉得很不可思议。

《年轻的日子》（松竹蒲田·昭和四年）原作、编剧：伏见晁 润色：小津安二郎 摄影：茂原英雄 主演：斋藤达雄、结城一朗、松井润子

○日式欢喜冤家（和製喧嘩友達）

这是野田君想出来的故事。是说围绕一个姑娘，有两个男人。这是常有的事，那就加上了"日式"两个字吧。

《日式欢喜冤家》（松竹蒲田·昭和四年）原作、编剧：野田高梧 摄影：茂原英雄 主演：渡边笃、吉谷久雄、高松一郎、浪花友子、结城一朗、若叶信子

○我毕业了，但……（大学は出たけれど）

这部电影我首次任用了高田稔君和田中绢代小姐。我的作品多是学生题材，如果用年轻演员，就只能是演公司职员或学生了。然而当

时公司职员种类有限，在这一点上，学生倒不会像现在这样跟巡警打架，大多是悠闲度日，也就是说容易成为荒诞故事的素材吧。这部作品大概是清水宏准备自己用的剧本，却被派到我这里来了。不过，我觉得不论什么题材都必须做好，觉得只要有干劲就去做。本来对电影作家来说，有艺术上的想法当然很好，但我认为能够把握各种形式、题材的作品，有必要具备匠人般的技艺，但也不能完全变成匠人。我在当时通过这类作品受到了匠人训练，可以说是非常幸运。因为不用顾虑什么人，做自己喜欢做的事，现在的人大概摆脱不了束缚吧……

《我毕业了，但……》（松竹蒲田·昭和四年）原作：清水宏 编剧：荒牧芳郎 摄影：茂原英雄 主演：高田稔、田中绢代、铃木歌子、大山健二、日守新一、木村健儿、坂本武

○公司职员生活（会社員生活）

这是之后所谓公司职员题材的先声之作。仍然是荒诞风格，但我的意图在于用稍微偏写实的感觉来描写。对了，这部片子用了我非常少用的重叠镜头呢，但仅此一部。是在强调早晨的感觉时用的。用了以后，我觉得虽然便利，但很无趣。因为用法不同，那也可以是不错的手法，但是大部分都是糊弄人的吧。糊弄人的重叠我不喜欢。

《公司职员生活》（松竹蒲田·昭和五年）原作、编剧：野田高梧 摄影：茂原英雄 主演：斋藤达雄

○**突贯小僧**（突貫小僧）

《公司职员生活》中有个名叫青木富夫的小演员，他是个可以在拍摄中睡着的厉害家伙。我觉得他很有意思，于是以他为主角构思了一个故事来拍摄，不是写着"原作：野津忠二"吗？这是野田、我、池田和大久保（忠素）的合成笔名，由 我导演。我记得也就拍了三天吧。

《突贯小僧》（松竹蒲田·昭和四年）原作：野津忠二 剧本：池田忠雄 摄影：野村昊 主演：斋藤达雄、青木富夫、坂本武

○**结婚学入门**（結婚学入門）

这部作品之前，还有一部名为《生存力》的作品收在我的作品目录里。但那部电影只是宣传要拍，实际上剧本都没写。这部《结婚学入门》是贺岁片，拍摄时间其实是昭和四年。作为贺岁片算是很质朴

的故事吧。第一次任用栗岛澄子就是在这部片子。

《结婚学入门》(松竹蒲田·昭和五年)原作：大隈俊雄 编剧：野田高梧 摄影：茂原英雄 主演：斋藤达雄、栗岛澄子、奈良真养、冈村文子、高田稔、龙田静枝、吉川满子

○**开心地走吧（朗らかに步め）**

算是不良少年改过自新的故事吧。虽说原作是清水宏，但只得到了他口传的构思。

《开心地走吧》(松竹蒲田·昭和五年)原作：清水宏 编剧：池田忠雄 摄影：茂原英雄 主演：高田稔、川崎弘子、伊达里子

○**我落第了，但……（落第はしたけれど）**

这是《我毕业了，但……》的反面故事。参加毕业考试的学生费尽苦心，把作弊用的文字写在白衬衫的袖子上。然而，当天，住处的姑娘体贴地帮他洗了衣服，于是他落榜了。可是那考试合格、欢欢喜

喜毕业的家伙到了要找工作的时候却无处可去。反倒是落榜这位,因为父母一直寄钱来,过得轻松愉快。是部很短的片子。嗯,笠智众就是从这部片子开始有像样的角色,之前出演倒是有出演……

《我落第了,但……》(松竹蒲田·昭和五年)原作:小津安二郎 编剧:伏见晁 摄影:茂原英雄 主演:斋藤达雄、横尾泥海男、关时雄、三仓博、田中绢代、月田一郎、笠智众

〇那夜的妻子(その夜の妻)

是《新青年》还是什么杂志上刊登的翻译小说。与冈田(时彦)就是从这部作品走到一起的。全部七卷胶片中,除了第一卷之外,其余是一套布景中的戏。我曾整夜不睡地构思分镜头剧本,是我的苦心之作。这么说来,这也是一部对我相当有益的作品。完成的时候,城户先生大大地表扬了我,还让我去温泉疗养了一趟呢。

《那夜的妻子》(松竹蒲田·昭和五年)原作:奥斯卡·希斯戈尔 编剧:野田高梧 摄影:茂原英雄 主演:冈田时彦、八云惠美子、岩间照子、斋藤达雄、山本冬乡

○**爱神的怨灵**（エロ神の怨霊）

"去趟温泉吧！"城户先生虽然这么说，条件却是要我拍一部片子回来。我说那样的话就不叫疗养了，但还是没办法。于是拍了一部回来，也就是这部。去了温泉却还是不能休息啊。是中元节上映的应景片子，情节已经不记得了……

《爱神的怨灵》（松竹蒲田·昭和五年）原作：石原清三郎 编剧：野田高梧 摄影：茂原英雄 主演：斋藤达雄、月田一郎、伊达里子

○**瞬间的幸运**（足に触った幸運）

这是一部什么样的片子呢？完全想不起来了。

《瞬间的幸运》（松竹蒲田·昭和五年）原作、编剧：野田高梧 摄影：茂原英雄 主演：斋藤达雄、吉川满子、青木富夫、市村美津子、关时男、月田一郎、坂本武

○**大小姐**（お嬢さん）

这部片子,是在公司要求的"制作喜剧大片"的方针下拍出来的,任用了许多当时的明星。对我而言,也是倾注了相当的努力才完成。演职员中的噱头作者之一—詹姆斯·槙被认为是我,其实最初是伏见、池田、我和北村小松商量好共用的虚构笔名。名字定下后,却谁都不用了,最后就成了小津专用。

《大小姐》（松竹蒲田·昭和五年）原作、编剧：北村小松 噱头作者：伏见晁、詹姆斯·槙、池田忠雄 摄影：茂原英雄 主演：栗田澄子、冈田时彦、斋藤达雄、田中绢代、冈田宗太郎、大国大郎、山本冬乡、小仓繁、龙田静枝、毛利辉夫、浪花友子、横尾泥海男、光喜三子

○**淑女与髯**（淑女と髯）

冈田演得非常好,而且有趣。这部片子八天左右就拍好了,但却比拍得很努力的《大小姐》评价更高。我当时就想,电影真是不可思议的东西。

《淑女与髯》（松竹蒲田·昭和六年）原作、编剧：北村小松 噱头创作：詹姆斯·槙 摄影：茂原英雄 主演：冈田时彦、川崎弘子、饭田蝶子、斋藤达雄、坂本武、伊达里子

○美人哀愁（美人哀愁）

这部电影转换了荒诞不经的方向，我第一次干劲十足地想拍一部写实而甜蜜的片子。这么一来，片子拍得非常冗长。虽然是认认真真拍的，却还是不成啊。比起努力拍摄的《大小姐》，简单拍摄的《淑女与髯》更好，而认认真真拍的这部最糟……我开始弄不明白电影了。但总之，我意识到陷在这里是不行的。

《美人哀愁》（松竹蒲田·昭和六年）编剧、润色：池田忠雄 摄影：茂原英雄 主演：冈田时彦、斋藤达雄、井上雪子、冈田宗太郎、吉川满子、若水照子

○东京合唱（東京の合唱）

吃一堑长一智，这一部决定要不慌不忙地拍。拍摄是在夏天，因

为太热,晴天也不拍外景。就是在这时候,我开始不知所措了,不知道电影到底要怎么拍。导演又不是能留名后世的工作,忽然觉得电影这东西很没意思。不过,如今反而觉得,当时消失得干干净净的是电影的吸引力……

《东京合唱》(松竹蒲田·昭和六年)原作:北村小松 编剧:野田高梧 摄影:茂原英雄 主演:冈田时彦、八云惠美子、斋藤达雄、饭田蝶子、坂本武、菅原秀雄、山口勇

○春随妇人来(春は御婦人から)

这也是我对电影心存疑虑时的作品,详细的已经忘了。好像是从《淑女与髯》的时候开始,我拍片时连分镜头剧本都不做了。照着分镜头剧本来拍当然会放心一些,但结果都一样,反倒是没有分镜头剧本拍出来的,还能预见到之后的镜头。

《春随妇人来》(松竹蒲田·昭和七年)原作:詹姆斯·槙 编剧:池田忠雄、柳井隆雄 摄影:茂原英雄 主演:城多二郎、井上雪子、斋藤达雄、坂本武

○**我出生了,但……**(生まれてはみたけれど)

我想拍一部儿童片,于是有了这一部从孩童开始,到成人结束的故事……开始应当还比较明快,但拍摄过程中,故事渐渐变了,拍出来非常阴暗。公司也说没想到会是这么阴暗的故事,以至完成后搁置了大约两个月才上映。另外,在这部片子里,我首次有意识地停止使用淡入淡出,尝试直接切镜头。这之后,我记得也没再用淡入淡出。大体说来,重叠、淡入、淡出之类的本来就不是电影的文法,那是摄影机的功能。

《我出生了,但……》(松竹蒲田·昭和七年)原作:詹姆斯·槙 编剧:伏见晁 摄影:茂原英雄 主演:斋藤达雄、菅原秀雄、突贯小僧、小藤田正一

○**青春之梦今何在**(青春の夢いまいづこ)

《我出生了,但……》的拍摄过程中,孩子受了伤,于是半路开始拍这部。是有点类似《忠直卿形状记》[1]的肤浅故事。

---

[1]《忠直卿形状记》:菊池宽所作的日本近代历史小说。

想来正是这时候，我每年也拍四五部大作，即便如此也不觉得很忙。而如今，每年一部都不觉得清闲。

《青春之梦今何在》（松竹蒲田·昭和七年）原作、编剧：野田高梧 摄影：茂原英雄 主演：江川宇礼雄、武田春郎、水岛亮太郎、田中绢代、斋藤达雄、饭田蝶子、大山健二、笠智众、葛城文子、伊达里子

○何日再逢君（また逢ふ日まで）

这部片子第一次用了冈田嘉子。我觉得她演技非常好，这是我的第一部有声片。昭和六年，蒲田拍了有声片《夫人与老婆》，那时候大家都渐渐转向有声片，只我一个人因为一些原因到很久以后都坚持拍默片。担任摄影的茂原君，他当时正研究自己的有声技术。我与他约定，一旦能拍有声就用他，因此我没用蒲田的土桥式拍法。

《何日再逢君》（松竹蒲田·昭和七年）剧本：野田高梧 摄影：茂原英雄 主演：冈田嘉子、冈让二、奈良真养、川崎弘子、饭田蝶子、伊达里子。

○东京之女（東京の女）

这部片子拍得非常着急。摄影大约八天吧，剧本还没写好就开拍了。说的是一个女人在公司上班，晚上却出现在可疑酒吧的故事。这是大家实际看到那样一个跳舞的女人之后想到的故事，原作者的外国名是虚构的。拍出来的是一部短小精悍的片子，画面的安排等感觉也是这个时期形成的。

《东京女人》（松竹蒲田·昭和八年）原作：恩斯特·叔瓦尔兹 编剧：野田高梧、池田忠雄 摄影：茂原英雄 主演：冈田嘉子、江川宇礼雄、田中绢代、奈良真养

○非常线之女（非常線の女）

拍坏蛋的故事，是从《开心地走吧》开始的事了。爱情片。

《非常线之女》（松竹蒲田·昭和八年）原作：詹姆斯·槙 编剧：池田忠雄 摄影：茂原英雄 主演：冈让二、田中绢代、三井秀男、水久保澄子、逢初梦子、加贺晃二、高山义郎、南条康雄

○心血来潮（出来ごころ）

我是在深川长大的。那时候家里来往的人当中有个悠然自得的妙人，他大致上成了喜八的原型。池田住在御徒町，也见过这类人，所以我俩创造了这个人物。这部片子里有一个片段：父亲沉迷于女人，孩子在学校遭到嘲笑后回到家来，一气之下把父亲盆栽的叶子扯掉了。父亲乐滋滋地从女人那里回来，见状给了孩子一巴掌，孩子又反扑过来要打父亲。这时，父亲忽然泄了气，孩子看见父亲那样也停了手，大哭起来……这段如果还有胶片，要能再看一遍也不错。

《心血来潮》（松竹蒲田·昭和八年）原作：詹姆斯·槇 编剧：池田忠雄 摄影：杉本正二郎 主演：坂本武、青木富夫、大日向传、伏见信子、饭田蝶子

○我们要爱母亲（母を恋はずや）

这是一部剧本推敲不足的片子，中心线索是大家族的逐渐没落。如今还好，但在当时，单靠这个还不足以构成故事，于是又讲了同父异母两兄弟之间的微妙关系。因为增加了这个情节，故事显得有些拖沓。不过，拍这部片子的时候，我父亲去世，所以我记得很清楚。

《我们要爱母亲》（松竹蒲田·昭和九年）大纲：野田高梧 编剧：池田忠雄 编剧助理：荒田正男 摄影：青木男 主演：岩田祐吉、吉川满子、大日向传、三井秀男、奈良真养、光川京子、笠智众、松井润子、逢初梦子

○浮草物语（浮草物語）

这是拍得比较理想的一部片子。虽然被说是"喜八片"，但并不是系列作品，因为喜八这个人总是同样的性格……当时周围已经全都是有声片了，只有我一个人还在拍默片。昭和七年到九年，都入选旬报最佳十部影片的第一名，不过到了昭和十年，终究没能入选了。

《浮草物语》（松竹蒲田·昭和九年）原作、编剧：池田忠雄 摄影：茂原英雄 主演：坂本武、饭田蝶子、三井秀男、八云理惠子、坪内美子、谷丽光、突贯小僧、山田长正

○千金小姐（箱入り娘）

我也曾有过拍摄"千金小姐"系列的打算，但还是只拍了这一部。

是正月期间上映的片子,本来预定十二月三十号拍摄完毕,却因摄影机故障延迟了,除夕夜熬了通宵,好不容易才在元旦一早完成了。还记得大伙儿胡子拉碴地一起吃烩年糕庆祝新年。

《千金小姐》(松竹蒲田·昭和十年)原作:式亭三石 编剧:野田高梧、池田忠雄 摄影:茂原英雄 主演:饭田蝶子、田中绢代、坂本武、突贯小僧、竹内良一、青野清、吉川满子、县秀介、大山健二

○东京之宿(東京の宿)

这时候,我正在拍第六代传人的《镜狮子》,不是故事片,是纪录片。

此时,社会的发展潮流已经到了默片无以为继的时候。这部片子虽然是默片,也不得不引入有声片的手法。比如两人对话的场面,在正倾听的 B 的特写画面中置入正在说话的 A 的台词字幕。

《东京之宿》(松竹蒲田·昭和十年)剧本:荒田正南、池田忠雄 摄影:茂原英雄 主演:坂本武、突贯小僧、末松孝行、冈田嘉子、小岛和子、饭田蝶子

○大学好地方（大学よいとこ）

是住在同一宿舍的学生们的故事。是不开心的学生生活。阴郁的故事。

《大学好地方》（松竹蒲田·昭和十一年）原作：詹姆斯·槇　编剧：荒田正男　摄影：茂原英雄　主演：近卫敏明、笠智众、小林十九二、大山健二、池田鹤彦、日下部章、高杉早苗、斋藤达雄、饭田蝶子、出云八重子、坂本武、爆弹小僧

○独生子（一人息子）

第一部有声片。之前写的剧本《东京好地方》拍了一点，因故中止了，于是改写成有声片剧本。

据记录，这大概是大船制片厂的作品吧，其实是在蒲田拍的。虽然制片厂都已搬到大船去了，但这不是用的茂原式有声技术吗，在大船不能使，于是就用蒲田没人用的空摄影棚进行拍摄。电车的声音太吵，白天没法拍。从夜里十二点到清早五点，每晚拍五个镜头。拍摄工作很愉快，因为必须从骨子里去掉默片的那些东西，真是茫然失措。虽然明白默片和有声片方方面面都不同，但结果还是拍成了默片的感

觉。我很茫然,还比别人晚了四五年,我甚至觉得这下落后于人了。如今回头看,却觉得不如把默片做到底了反倒更有益处吧。

《独生子》(松竹蒲田·昭和十一年)原作:詹姆斯·槙 编剧:池田忠雄、荒田正男 摄影:杉本正二郎 录音:茂原英雄(SMS系统)主演:饭田蝶子、日守新一、叶山正雄、坪内美子、笠智众、浪花友子、吉川满子、突贯小僧

○淑女忘记了什么(淑女は何を忘れたか)

若说这部作品的特征,那就是把舞台从之前的下町[1]搬到了山手[2]吧。当时,我家也从深川迁至高轮南町。或许是这个原因吧,我就想:不是说山手的片子比较少吗?那就我来拍吧。如今依然还是以下町和郊外为舞台的片子多,而描写山手的作品却很少。

那之后,我写了《父亲在世时》的剧本,然后就出征了。对、对,之前还写了内田吐梦君《无止境前行》的原作剧本《愉快哉保吉君》,那是我写来打算自己拍的。我跟公司说了,却因为我之前的片子都不

---

[1]下町:指市区内地势较低,商业和手工业发达的区域。居民也多为商贩、工匠等。如东京的浅草、深川等地。
[2]山手:指市区内地势较高,行政机构和住宅集中的区域。居民也多属于社会中上层。如东京的本乡、小石川、赤坂、麻布等地。

卖座，结果没被采纳。向内田说起这事，他说："给我拍吧。"公司也说给他吧。然而内田那部片子的故事与我的原作大相径庭。我的是一部喜剧，没那么深刻。一个全勤三十年的男人，有一天忽然对自己产生了疑问，希望试试自己想做的事。他在仅仅一天时间里假装神经病，言行举止像个大人物一样。他难得的三十年全勤也报废了，但不论别人说什么，他都觉得这疯疯癫癫的一天过得比之前的三十年都有意思，就是这样一个故事。之后，公司里开始流行假装神经病。内田把它拍成了一个特定人物的故事，跟我大不相同吧？如果有机会，我很想按原来的形式再拍一次。

昭和十四年，我出征归来，又写了《茶泡饭之味》。与描写战后的故事相差很大，那部片子说的是一个即将出征的男人的故事。出征前夜，他和妻子心事重重地吃茶泡饭，然而就是这一点被卡住了：在应当吃饭庆祝的出征前夜，吃茶泡饭是怎么回事？说是不严肃。我也曾想能改的话就改，但这么一来，故事就不成立了，所以我就放弃了。

《淑女忘记了什么》（松竹大船·昭和十二年）剧本：伏见晁、詹姆斯·槙 摄影：茂原英雄 主演：斋藤达雄、栗岛澄子、桑叶通子、佐野周二、坂本武、饭田蝶子、吉川满子、叶山正雄、突贯小僧、出云八重子、上原谦

○户田家兄妹（戸田家の兄妹）

这一部里，家的气氛和《茶泡饭之味》相似，所以我很慎重地写成了以母爱为中心的故事。片子拍到最后被催着，说今天不拍完就赶不上首映，时间还剩下两个小时，没办法只好接连不断地拍长镜头。即使拍的人很在意，但制成片子放映出来却没感觉。拍摄过程愉快的片子不论拍得如何，我都会很喜爱。从这个意义上来说，《户田家兄妹》可以说是我满意的作品吧。与佐分利、高峰三枝子也是首次合作，在当时是绚烂豪华的演员阵容。也许是这个原因，这部片子打破了小津作品不赚钱的定评，算是赚了个满堂红。终于能赚钱，大概是从这个时候开始的吧。

《户田家兄妹》（松竹大船·昭和十六年）剧本：池田忠雄、小津安二郎 摄影：厚田雄春 主演：佐分利信、高峰三枝子、桑野通子、葛城文子、三宅邦子、斋藤达雄、吉川满子、坪内美子、笠智众、近卫敏明、藤野秀夫

○父亲在世时（父ありき）

我觉得，笠智众的演技从《独生子》的猪排店大叔开始变得纯熟

了。扮演儿子的津田少年如今在做什么呢？很想见他一面。这部电影是把之前写的剧本修改后拿来用的。电影这东西随着年龄增加，也会变得越细腻啊。过去写的东西不能直接拿来使用，所以就连我也要反复修改，在这一点上，我认为是进步了。

这之后，我写了《遥远的父母的国度》的剧本，然后去了南方，昭和二十一年初回来。《遥远》虽然还留着，但这期间发生了一场火灾，之后就不知下落了。是佐野周二和笠智众的士兵故事，如果拍成的话，我想会很有趣。但好像跟军部的想法有出入……说是要更勇武的故事，我就不干了。

这期间，我的作品变得非常少，如果人在国内，一年也能拍一部啊。如果没有打仗的话，算下来我至少还应该多七部片子呢。

《父亲在世时》（松竹大船·昭和十七年）剧本：小津安二郎、池田忠雄 摄影：厚田雄春 主演：笠智众、佐野周二、坂本武、水户光子、西村青儿、佐分利信、日守信一、奈良真养、文谷千代子

○长屋绅士录（長屋紳士録）

刚回来正疲惫不堪的时候，大概因为公司连连催我赶快开拍吧，十二天就把本子写好了。可以这么快就写好？不，只此一回，之后也

没有写得这么快过了。在新加坡,我可以说看了这辈子最多的外国电影,似乎也有人因此认为我会有所改变,但《长屋绅士录》与以往相比毫无变化。有人说,怎么会有这么顽固的家伙。

《长屋绅士录》(松竹大船·昭和二十二年)剧本:池田忠雄、小津安二郎 摄影:厚田雄春 主演:饭田蝶子、青木富宏、河村黎吉、笠智众、坂本武、吉川满子、小泽荣太郎

○风中的牝鸡(風の中の牝鶏)

《长屋绅士录》之后写了《月升中天》,但由于各种原因至今未能拍摄。那个剧本看来是不行了。

难免会有失败之作嘛,若是对自己有益的失败就好。但是,这部不是太好的失败之作呢。

《风中的牝鸡》(松竹大船·昭和二十三年)剧本:斋藤良辅、小津安二郎 摄影:厚田雄春 主演:佐野周二、田中绢代、三宅邦子、笠智众、村田知英子、文谷千代子、东野英治郎、清水一郎、三井弘次

○晚春（晚春）

这部片子是《千金小姐》以来与野田先生久违的合作。编剧与导演一起工作时，如果两人体质不同，合作常常会不顺利。一个爱睡懒觉，一个早睡早起的话就难以平衡，反倒容易疲劳。在这一点上，我和野田、斋藤良辅不论是喝酒，还是作息时间都很合拍，我觉得这是很重要的事。要说我与野田先生合作的剧本，当然连对白都是由两人共同构思的，但是布景的细节和服装则不用商量，即便那样，两人头脑中的构想也是一拍即合，想法绝对不会有冲突。连对白最后的语气词使用"啊"还是"呢"，意见都是一致的，的确不可思议。有一次，我向里见弴先生说起，他也颇有同感地说："龚古尔兄弟写小说也是这样。"当然，也会有意见分歧的时候，两人都很固执，可不容易妥协呢。

《晚春》（松竹大船·昭和二十四年）原作：广津和郎 编剧：野田高梧、小津安二郎 摄影：厚田雄春 主演：笠智众、原节子、杉村春子、宇佐美淳、三宅邦子、月丘梦路、三岛雅夫、坪内美子、桂木洋子

○宗方姐妹（宗方姉妹）

大佛先生也说了："这是你们的《宗方姐妹》。"剧本比较轻松地完成了。虽然是第一次在新东宝拍，多亏过去相识的伙伴们大力合作，非常愉快。但说实话，有原作的片子总是很不好办。把原作者凭自己的想象写的东西搬到现成的明星身上来，是很困难的。

总的说来，我写剧本的时候，是贴合演员的局限和性格来写的，这样选角也轻松嘛。过去煞费苦心地用新人，现在就想让演技好的人好好演，已经没有精力在无能的人身上耗费苦心了。结果是，比起演技的好坏，还是人品优秀的人好啊，最头痛的是稍微有点演技就自以为了不起的人。人好，就会想让他也出演下一部片子，甚至勉为其难也要创造一个角色给他。

《宗方姐妹》（新东宝·昭和二十五年）原作：大佛次郎 编剧：野田高梧、小津安二郎 摄影：小原让治 主演：田中绢代、高峰秀子、上原谦、山村聪、堀雄二、高杉早苗

○麦秋（麦秋）

这一部，比起故事情节，我想要刻画的是更深刻的"轮回"或"无

常"这类主题。在这一点上,这是迄今为止拍得最辛苦的一部。有人说,其中出场的孩子太粗暴。即便粗暴也是不同代的人,那孩子将来长大了应该还会改变,所以戏也不能演得不留余地,要有留白,我认为那部分留白将会变成美妙的回味。这种感觉,懂的人一定会懂……

原小姐是很好的人啊。这样的人若是再多四五个就好了。

《麦秋》(松竹大船·昭和二十六年)剧本:野田高梧、小津安二郎 摄影:厚田雄春 主演:原节子、菅井一郎、东山千荣子、笠智众、三宅邦子、二本柳宽、淡岛千景、井川邦子、杉村春子

○茶泡饭之味(お茶漬の味)

这是战争期间写的剧本,但当时由于审查的原因被雪藏。因为觉得就此作罢未免可惜,于是又拿出来。在原先的剧本中,主人公是即将出征,因为时代变了,所以改写成即将前往南美。剧情的转换因此变弱是事实,但我想表现的只是女人眼中的男人,除了相貌、品位之外,男人有男人的好。然而,作品完成得不是太理想啊。

《茶泡饭之味》(松竹大船·昭和二十七年)剧本:野田高梧、小津安二郎 摄影:厚田雄春 主演:佐分利信、木暮实千代、鹤田浩二

○东京物语（東京物語）

我想尝试通过表现父母与孩子的成长，来描绘日本家族制度是如何崩坏的。我的电影中，这是最接近通俗剧的一部作品。

《东京物语》（松竹大船·昭和二十八年）剧本：野田高梧、小津安二郎 摄影：厚田雄春 主演：笠智众、原节子、东山千荣子

○早春（早春）

很久不曾涉及的上班族题材。我想尝试刻画公司职员的生活。大学毕业后出了社会的喜悦，在公司工作时期望渐渐崩溃，工作了三十年却一无所成。从时代的变化来把握公司职员的生活，希望能从中体现上班族的悲哀之类的东西。在我战后的作品中，这是最长的一部。但我想尽量避免戏剧化的东西。看似随意的镜头堆积，看过之后却能感受到上班族生活的悲哀，我是以这样的想法来拍的。

《早春》（松竹大船·昭和三十一年）剧本：野田高梧、小津安二郎 摄影：厚田雄春、主演：池部良、岸惠子、淡岛千景、高桥贞二

○东京暮色（東京暮色）

这部作品被说成是在描写年轻女孩子无拘无束的生活，但在我看来，不如说描写的是笠智众先生的人生——被妻子抛弃的丈夫不知该如何生活。我是把中心放在老一代身上来拍的，年轻一代其实是陪衬角色，但一般人似乎却把眼光放到"装饰物"上了。

《东京暮色》（松竹大船·昭和三十二年）剧本：野田高梧、小津安二郎 摄影：厚田雄春 主演：有马稻子、山田五十铃、原节子、笠智众

○彼岸花（彼岸花）

这是我的第一部彩色电影，并且因为用的是山本富士子，所以设想是拍成华丽喜剧。其实我并没有拍彩色片的打算，但因为是山本小姐，公司要求拍成彩色，于是就拍了。

《彼岸花》（松竹大船·昭和三十三年）原作：里见弴 编剧：野田高梧、小津安二郎 摄影：厚田雄春 主演：佐分利信、田中绢代、山本富士子、有马稻子

○**早安**（お早よう）

这是从很久以前就开始构思的一个故事。人之间平日总说些无聊的事，一旦有重要的事要说的时候却很难说出口。我想尝试拍这样一部电影，然而实际要拍的时候却相当困难。去导演协会之类地方说起这个故事，大家都说有意思。于是我说，不论是谁我都可以把故事让给他，却没人伸手。那就还是由我来拍拍看吧，于是我就拍了。不过，我过去构思的故事情节还要更晦涩。只是我也上了年纪，考虑到票房因素，转而拍成尽量能逗笑观众的电影。与其说是票房上的考虑，不如说是希望能有更多的人来看吧。

《早安》（松竹大船·昭和三十四年）剧本：野田高梧、小津安二郎 摄影：厚田雄春 主演：笠智众、三宅邦子、久我美子、佐田启二

○**浮草**（浮草）

沟口健二先生还在世的时候，就有让我在大映拍一部片子。后来永田雅一先生也屡屡请求，但我与松竹签有一年一部的合同。一部拍完，往往一年也结束了。刚好这一年《早安》提早完成，匀出了在大映再拍一部的时间，就这样实现了多年来的约定。

这个故事在默片时代曾经拍过。我想把这个故事在北陆的雪中再拍一次，写了剧本《差劲演员》。本打算在松竹拍，但这年积雪太薄，不论去高田还是佐渡都没有好的外景。虽然是曾经一时中断的作品，改写了季节和舞台后就在大映拍了这部片子。

主题嘛，可说是物哀之情。是个风格古旧的故事。时间虽然是现代，却带着明治时代的古风。那么改成明治时代的故事岂不更好？话虽这么说，也没有必要非得改成明治时代。时代上溯至过去的话，考证工作相当麻烦，最后还是决定把老故事活用于现代。摄影师宫川一夫先生特意花了许多心思，我也从这时起终于开始明白彩色电影。色彩因种类不同，必须分别照射不同程度的光量。眼睛看到的颜色与胶片上拍出的颜色是不同的。所以，如果想要追求两种颜色的对比，以同样的光量照射的话，其中一种颜色就会不行。这时候，应该让其中一种处于阴影，抑制色彩。我第一次知道了这些事情。

另外，变形镜头式宽银幕（Cinemascope）电影渐渐变得很普遍。我虽然完全没有制作大型影片的打算，但为了对抗，也开始有意识地改变导演手法。当然，也不是说改就能一下子改过来，而是一点一点，在不知不觉中改变。比如，特写镜头增加了，镜头也拍得更精细了。最近，在日本电影中，我的电影好像是镜头最多的。

《浮草物语》（大映东京·昭和三十四年）剧本：野田高梧、小津安二郎 摄影：宫川一夫、主演：中村雁治郎、若尾文子、京町子、

川口浩

○秋日和（秋日和）

这世上，即便是极简单的事，也会因众人凑在一块儿而变得复杂。虽然看着复杂，但人生的本质，也许其实什么都不是。这就是这部作品的主旨所在。还有一个是我从很久以前就开始考虑，并点滴积累起来的想法。一个故事用感情来表现很简单，有哭有笑，这样就能把悲伤的、快乐的心情传达给观众。但是，这仅仅只是一种说明，不论如何诉诸感情却并不能表现那个人的性格和风格，不是吗？把戏剧化的东西全部除去，酿出无泪而悲的风格，不去描绘戏剧化的起伏，却让人感悟人生。我全面尝试了这种表现手法。这是我从《户田家兄妹》的时候就开始考虑的。但这是个困难的手法，这次的效果还算凑合，但还不够彻底。

《秋日和》（松竹大船·昭和三十五年）原作：里见弴 编剧：野田高梧、小津安二郎 摄影：厚田雄春 主演原节子、司叶子、冈田茉莉子

○小早川家之秋（小早川家の秋）

野田记[1]：在蓼科的日记中，小津君写道："昭和三十六年，二月自上浣到蓼科，蛰居构思《小早川家之秋》剧本。乍晴乍阴，日趋春暖。较之平时，来客稀疏，未至酩酊，高唱乱舞。因此工作大有进展，四月二十一日脱稿。"这是东宝的宝冢作品，摄影为中井朝一。工作人员全都是东宝系统的人，没从大船带一个人去，然而大伙儿都着实努力地工作。小津君曾开心地说起故事的灵感来自一件真事：有个经常到蓼科游玩的女子，他的父亲突然因心肌梗塞病倒，儿子、女儿们忧心忡忡地聚到一起，经过一夜之后，父亲霍然痊愈。

《小早川家之秋》（宝冢映画·昭和三十六年）剧本：野田高梧、小津安二郎 摄影：中井朝一 主演：中村雁治郎、原节子、新珠三千代、司叶子

○秋刀鱼之味（秋刀魚の味）

野田记：正在宝冢摄制《小早川家之秋》的时候，被松竹不停地

---

[1]《谈自作》发表于《电影旬报别册·小津安二郎 人与艺术》（1964年二月号增刊）。此时小津已去世，故最后两部作品由野田高梧代记。

催促,要求尽早把下部作品的名字定下来,于是暂定名为《秋刀鱼之味》,但腹稿却什么都没有,只是想,不会让秋刀鱼出现在画面中,而是一种整体感觉。即将动笔写剧本的时候,召开了所谓的"五社长会议",因此没有从其他公司外借演员,只与大船的人员以及无所属的影人一同拍摄,只从东宝借用加东大介。在写这部剧本的过程中,小津君的母亲去世。办完葬礼再度来到蓼科时,小津君在日记中写道:"下界已经是烂漫春日,樱花缭乱。散漫的我,身在此处为《秋刀鱼之味》而烦恼。樱花如褴褛,使人阴郁,酒如黄连,苦入愁肠。"

《秋刀鱼之味》(松竹大船·昭和三十七年)剧本:野田高梧、小津安二郎 摄影:厚田雄春 主演:笠智众、岩下志麻、佐田启二、冈田茉莉子

《东京物语》剧本[1]

---

[1] 根据《小津安二郎全集》(新书馆 2003 年 4 月)中所收录的剧本《东京物语》译出。

1　尾道

七月上旬的一个早晨。

海滨街道上热闹的早市。

——尾道的市区从这条海滨街道朝山脚方向延伸而去。

2　山脚的街区

小巷那头,孩子们正经过大道去上学。

3　平山家

房间里,男主人周吉(70岁)和老伴富子(67岁)正收拾行装,富子忙着往包里装东西,周吉在查看火车时刻表。

周吉:坐这趟的话,到大阪是六点啊。

富子:是吗?那敬三也正好下班呢。

周吉:噢,他会到站台来吧,已经给他发了电报。

小女儿京子(23岁,小学教师)从厨房出来。

京子：（取出一包东西）妈妈，这是饭盒——

富子：噢，谢谢。

京子：（把自己的饭盒也放进包里）那我走了。

周吉：噢，学校忙的话，你就不用特地来送了。

京子：不要紧的，反正第五节是体操课。

周吉：这样啊。

京子：那么车站见……

周吉：嗯。

京子：妈妈，保温瓶里我已经沏好茶了。

富子：噢，谢谢啊。

京子：那我走了。

周吉：好，你先去吧。

富子：去吧。

京子在话语声中离开。

4　玄关

京子向外走去。

5　小巷

京子朝大路走去，沿路经过的小学生们向她行礼。

6　平山家

周吉和富子在做着出行准备——

富子：气枕，放哪边了？

周吉：气枕不是交给你了吗？

富子：我这儿没有啊。

周吉：就在你那儿，我不是交给你了吗？

富子：是吗？

说着翻找自己的提包。

这时邻家太太（48岁）经过窗外。

太太：早上好。

富子：啊，您早。

太太：今天出门啊？

富子：是啊，坐中午的火车走。

太太：噢。

周吉：想趁这会儿去看看孩子们呐……

太太：那多高兴啊。您家的孩子们在东京一定盼着你们去呢。

周吉：是啊。我们不在家的时候，还请多照应。

太太：好的好的，你们只管放心。您家儿子女儿都那么有出息，真有福气啊。

周吉：哪里哪里，说不上的。

太太：正好天气也好……

富子：真是托您的福了。

太太：啊，你们路上要多小心哪。

富子：谢谢。

邻家太太离开——

富子：气枕不在我这儿啊。

周吉：怎么会不在，你好好找找看——（说着，发现就在自己的行李中）啊，有了，有了。

富子：有了啊？

周吉：啊，有了。

于是两人继续收拾行装。

7 东京

看得见小工厂的江东风景——

8 一片空地

空地一角上立着"内科 小儿科 平山医院"的招牌。

9 平山医院的诊疗室

从外观来看，主人的生活并不宽裕。

10 **通往二楼的楼梯**

11 **二楼**

小孩用的书桌等被搬到了走廊一角，主妇文子（39岁）正用抹布擦拭。

随后，她提着水桶下楼而去。

12 **楼下**

文子走下楼来。

13 **厨房**

文子放下水桶,穿上木屐,看了看澡堂的炉门,立刻又回到房间。

14 **房间**

文子进屋,小儿子阿勇(6岁)正一个人玩耍。

文子:阿勇,乖孩子——

说着,到外面套廊去取晾在那里的纱布和绷带。

15 **诊疗室**

文子进屋,整理房间,这时玄关传来孩子的声音——

"我回来了。"

是大儿子阿实(14岁,中学生)回来了。

文子:回来啦。

阿实探头进来。

阿实:我回来了。爷爷奶奶还没来?

文子:就快来了。

阿实向里间走去。

16 **二楼**

阿实走上楼来,看到自己的房间被收拾一新,不由得一愣。他把书包扔在走廊的书桌上,气冲冲地叫起来。

阿实:妈妈!妈妈!

文子拿着两个坐垫走上楼来。

文子:什么事啊?

阿实：干吗把我的书桌搬到走廊上来？

文子：爷爷奶奶要来你知道的嘛。

阿实：可也不用搬走我的书桌呀！

文子：不搬这里怎么睡得下呢？

阿实：那我在哪儿做功课呢？

文子：在哪儿不都能做嘛。

文子扔下这句话下楼去了。

阿实绷着脸跟随在后。

17　楼下　厨房

阿实跟在文子身后走进来。

阿实：喂，你说我在哪儿做功课啊？

文子不吭声走进里屋。阿实又跟上去。

18　屋里

阿实缠着文子不放。

阿实：喂！我在哪儿做功课啊？

文子：吵死了！平时怎么不见你用功！

阿实：怎么不用功！我一直很用功呢！

文子：瞎说！偏偏这时候你用功！

阿实：噢，我可以不用功啦，不学习也行啊。太好了，这下我轻松啦。

文子：你胡说什么，阿实！

门外传来汽车喇叭的声音。

文子：哎呀，来了！

说着向外走去。

阿实也走出去，却进了诊疗室。

19　玄关

幸一（47岁，周吉的长子，文子的丈夫）提着行李走下出租车，周吉夫妇和志繁（44岁，周吉的长女，幸一的妹妹）走进屋。

文子：（对幸一）回来啦。

幸一：啊——来，爸、妈，请进。

文子：您好。

周吉：啊。

幸一：来，请进。

文子先进了里屋。

20　客厅

文子连忙摆好坐垫，阿勇默默地呆看着她。

幸一领着周吉和富子、志繁进来。

幸一：请——妈妈，您累了吧。在火车上睡得好吗？

富子：啊，睡得不错——（看着阿勇）过来呀……

阿勇害羞地逃到诊疗室那边去了。

大伙儿微笑着望着他。

文子：（再次端正姿势）爸爸妈妈好。

周吉：啊——

文子：好久没问候爸爸妈妈了。

周吉：啊，这次又让你们费心了。

文子：妈妈，真是好久没见面了。

富子：是啊。

文子：您二位能来太好了。京子好吗？

富子：她很好。谢谢你。

文子：她一个人看家……

富子：啊。

文子点了点头，起身去泡茶。

志繁：（看她起身）对了，文子——

说着，拿着个包袱起身跟去。

21 厨房

志繁跟随文子进屋。

志繁：我带了点东西来，是我家附近买的脆饼，味道还可以。
这是酱煮鱼——

文子：哎呀，谢谢啊。

志繁：妈可喜欢吃脆饼呢。有糖果盘吗？

文子：有。

志繁：哦，托盘也行。

文子：（从橱柜里取出糖果盘）这样的……

志繁：啊，可以可以。

说着把脆饼从袋子里取出，放进糖果盘里。

文子：（一边准备茶水）纪子没去东京站吗？

志繁：是啊，她没来。我给她打过电话的。

文子：她怎么会没来呢？

志繁：（不予作答）那就麻烦你一起端上去吧。（说着把脆饼盘子递给文子，回房间去了。）

22　走廊

志繁经过诊疗室，向里面的孩子们打招呼。

志繁：阿实、阿勇，在干什么呢？过来。

然后领着孩子走出来。

23　客厅

志繁领着孩子们进屋来。

幸一和老两口站在套廊上望着庭院。

志繁：叫爷爷、奶奶——

三人回头——

周吉：啊，长高啦。

一同回到屋里。

幸一：阿实已经上初中了。

周吉：是吗？（抚摸阿实的头。）

富子：阿勇几岁啦？

幸一：问你几岁了？

志繁：几岁？

阿勇又害羞地逃了出去。

大家都笑了。阿实也笑着跑了出去。

文子端上茶和点心。

文子：（对幸一）没别的事的话，要不要先洗个澡——

幸一：啊——爸，要不要洗澡？

周吉：噢。

志繁：妈妈也换件衣服吧。

文子：啊，您的浴衣——

富子：不用了，文子，我带来了……

周吉：那，我就先洗了。

幸一：请——啊，我来拿吧。

说着拿起行李带领父母上了二楼。

志繁和文子起身去厨房。

24 二楼

幸一带领父母进屋。

幸一：过大阪的时候，敬三来车站了吗？

周吉：啊，事先发了电报，他到站台来了。

幸一：（对富子）他还好吧？

富子（点头）对了，他还让我们带了礼物来呢。

说着正要打开提包。

幸一：妈，不着急，待会儿再说——爸，毛巾什么的带了吗？

周吉：啊，有的有的。

幸一：那，您慢慢洗。

说着点点头下楼去了。

25 厨房

志繁与文子——

志繁（继续谈话）是啊……

这时幸一从一旁经过。

志繁：哎，哥——

幸一：什么？

志繁：今晚的主菜，吃肉行吧？四喜烧。

幸一：啊，行啊。

文子：还要不要加点生鱼片什么的——

幸一：嗯，不用了吧。（问志繁）怎么样？

志繁：有肉就足够了。

随着玄关门开的声音，传来一个女人的说话声——

"有人吗？"

志繁：啊，是纪子——请进！

文子前去迎接。

26 玄关

纪子（28岁，周吉阵亡的二儿子昌二的妻子）正在脱鞋。

文子从里屋出来，热情地迎接纪子。

文子：来啦。

纪子：来晚了……

文子：你去了吗？东京车站——

纪子：啊，没赶上……赶到时，大家都走了。

文子：哦。

纪子：（递上一盒纸包的糕点）嫂子，这是我的一点心意。

文子：啊，谢谢。

说着起身进屋。

这时志繁和幸一也出来了。

幸一：啊，请进。

志繁：来啦。

纪子：不好意思，这么晚了……

幸一：爸妈在二楼。

纪子：是吗？那我去问候一声……

纪子和文子往厨房方向去了。幸一和志繁回客厅。

27　楼梯下的走廊

文子进了厨房，纪子上二楼。

28　二楼

老两口换了浴衣，正从包里取出洗漱用具。

纪子进屋。

周吉：啊。

纪子：您二位来啦，太好了。

富子：哎呀，纪子，好久没见了。

纪子：您身体还好吧？

周吉：你是不是工作太忙啊？

纪子：不是的。怎么说呢，这个那个的杂事，忙完了才发现时间快到了……

富子：其实今天你用不着特地赶过来的啊……反正我们要住一阵子……

周吉：你还在原来的公司上班吗？

纪子：是的。

富子：你一个人也真不容易啊。

纪子：没什么……

从楼下传来志繁的声音——

"爸爸，洗澡——"

周吉：啊，这就去——那……

说着起身下楼。

纪子：（见富子正折叠腰带）妈妈，我来折吧。

富子：啊，不用了不用了——不过，真像做梦一样啊……说起东京，总觉得是很远的地方，可我们昨天才从尾道出发，今天已经这样跟大家见面了……

纪子微笑点头。

富子：还真是多活几年的好啊。

纪子：可爸爸妈妈都是一点都没变啊。

富子：不会变喽。都已经老了……

志繁一边喊着"妈——"，一边上楼来。

志繁：（看了看两人）说什么呢？——到楼下去吧。

富子：嗯。

富子起身，纪子也跟着站起来。

志繁：哎，妈妈，您是不是又长了点个儿？

富子：（笑着）说什么长个儿呀，我都这岁数了……

志繁：嗯，也是啊。是长胖了吧——（转向纪子）我们小的时候，就觉得妈妈个儿好大，她来学校的时候，我都觉得不好意思呢。

纪子：哦……

志繁：有一次开学艺会的时候，她把椅子都坐垮了呢。

富子：瞎说。那椅子已经朽了，本来就是坏的。

志繁：妈妈您还在这么想啊。

富子：本来就是嘛。

志繁：哎，行了。下楼吧。

三人笑着走下楼去。

走廊上阿实那张被搬出来的书桌——

29　当晚　诊疗室

阿实在学习。

30　厨房

纪子在帮文子收拾饭后的盘碗。

纪子：嫂子，这个放进罩子里了啊。

文子：好的……

纪子：这个呢？

文子：啊，那个就放外面吧。

等等——

31　房间

周吉、富子、幸一和志繁正闲话家常。

——阿勇枕着富子的腿睡着了。

志繁：妈妈，阿孝怎么样了？

富子：噢，阿孝啊，她也是命不好啊。死了丈夫，好像是去年春天吧。带着孩子去了仓敷那边，听说在那儿过得也不是太好。

志繁：哦。

幸一：还有那个，叫什么名字来着？就是经常和爸爸去钓鱼的那个市政厅的人……

周吉：啊，三桥先生——他去世了（转向富子），已经很久了对吧。

富子：是啊。

周吉：对了，你还记得吗，服部先生——

幸一：噢，征兵处的那个……

志繁：我记得呢。

周吉：嗯，就是他，来了东京呢。

幸一：是吗？

周吉：趁这几天，我想去拜访他一次……

幸一：他在哪里？

周吉：台东区……哪儿来着？我记在本子上了……

幸一：是吗。

纪子进屋。

志繁：收拾好了？

纪子：嗯。

志繁：辛苦你了。

富子：（把面前的米花糖罐递过去）纪子，来尝一个，是敬三送的特产——

纪子：啊，谢谢。

文子进屋。

富子：辛苦了。

文子：没有——（看见阿勇睡着了）哎呀，奶奶，真过意不去。

富子：没事的，就让他这么睡着吧。睡得真香呢……

志繁：（对幸一）那爸爸妈妈明天去哪儿？

幸一：啊，星期天嘛。我带他们出去走走。

志繁：是吗——那纪子，差不多，我们走吧……

纪子：好的，那就一起走吧……

志繁：（对父母）早点休息……（点头行礼）

周吉：走啦？

富子：谢谢了，还让你们特地赶来。

志繁：哥哥，多谢款待。

幸一：啊——

纪子：这么晚打扰了……

志繁：那爸爸，我还会再来的——

志繁和纪子起身，文子送她们出去。

志繁：啊，文子，别送了，别送了。

三人向玄关方向走去。

32 玄关

文子送两人出来。

志繁：这么晚打扰了——

文子：没什么。

纪子：多谢款待。

文子：谢谢你们特地赶来。

33 里屋

富子轻轻地把阿勇从腿上挪开让他睡好。

幸一：爸，您累了吧。

周吉：不要紧……

幸一：妈，怎么样，休息吧？

富子：好的。

周吉：那就休息吧。

说着站起来。

这时文子进来。

幸一：晚安。

文子：我刚倒了水……

富子：晚安

说着走出去。

34 楼梯

周吉和富子走上二楼。

35 两人进屋，在被褥上坐下。

富子：您累了吧。

周吉：没事……（语气强烈）

富子：不过大家都挺好……

周吉：唔……我们到底还是来了……

富子：哎——这儿是在东京的哪一带啊？

周吉：在边上吧……

富子：大概是吧。坐车坐了好远呢。

周吉：啊……

富子：还以为会更热闹一点呢……

周吉：你说这里吗？

富子：嗯。

周吉：幸一也说，本来想去更热闹一点的地方，大概是没去成吧。

富子仿佛陷入了沉思。

36 **翌日清晨 东京近郊**

遭受战火后复兴起来的街景。

37 **"春丽美发店"的招牌**

38 **店内**

助手阿清正擦拭镜子。

39 **里屋**

志繁与丈夫库造（49岁）正在吃早饭。

库造：爸妈准备待多久？在东京——

志繁：四五天吧——帮我递一下，那个。

库造：（取过七味辣椒，边递过去边说）我不去问候一声行吗？

志繁：没关系的。反正他们也会到我们家来嘛。

库造：来了我带他们去游金车庭吧。

志繁。那好啊。别的你就别操心了吧。

库造：真好吃，这豆子——

志繁：……

库造：爸妈今天干什么呢？

志繁：好了好了，别尽吃豆子了——（一边拿开陶碗）我哥大概会带他们出去走走。

库造：是吗，那就好。

志繁：（朝店里）阿清！你也来吃饭吧——

传来阿清应答的声音。

40 幸一家

幸一在换衣服，文子在给阿勇穿裤子。

文子：今天可要听话啊！是和爷爷奶奶一起哦！——听到了吗？记住啦？

阿勇：记住了。

阿实过来。

阿实：真慢！还没好啊？

文子：这就好了。

幸一：去看看爷爷奶奶好了没有。

阿实：好。

幸一：问他们如果准备好了就走吧。

阿实：嗯。

说着兴冲冲地去了。

41 二楼

周吉和富子已经准备就绪。

阿实上楼来——

阿实：好了吗？

周吉：好了。

富子：久等了。

阿实：爸爸说那就走吧。

说完立刻下楼去了。

42 楼下的房间

阿实进屋

阿实：我告诉爷爷奶奶了。

文子：噢。

阿实兴高采烈地哼唱着西部片的曲子，一边朝诊疗室那边去了。

文子：（帮阿勇准备妥当）可以了。

说着拍了拍阿勇的背，于是阿勇也向诊疗室那边跑去。

文子：（边收拾边说）中午饭吃什么呢？

幸一：噢，去百货店里的餐馆吧，也适合孩子们。

文子：也是啊。阿勇可喜欢儿童套餐了。

幸一：是吗？

玄关的门开了，传来一个男人的声音。

"有人吗？"

幸一：哪位？

说着走出去。

43　玄关

一个穿衬衫的男人站在门口。

幸一走出来。

幸一：噢，情况怎么样了？

男人：啊，打扰了……

幸一：还是没食欲吗？

男子：是啊，不知怎么了，光想喝冷饮之类的，可是又喝不下去……

幸一：烧退了没有？

男人：还没。刚才量了，还是三十九度八。

幸一：是吗……那，我去看看吧。

男人：您能来吗？实在太麻烦您了。

幸一：没关系。

男人：那就拜托您了。

说完离去。

44　房间

幸一回到屋里——

文子：哪一位？

幸一：中岛先生。注射器消好毒了吗？

文子：消好了。

这时周吉和富子走进屋来。

幸一:啊,爸爸。有个病重的孩子,我得赶着去看一下。

周吉:噢。

幸一:好不容易才,真是……

周吉:哎,没关系。

幸一:弄不好,也许不能立刻回来……

周吉:不要紧不要紧。

幸一:那我去去就回。妈,那我走了。

富子:辛苦了。

幸一出门,文子送他出去。

45 诊疗室

孩子们待在诊疗室。文子进来取出诊包。

阿实:妈妈,还不走啊?

文子:(含糊地)嗯。

拿着包走出去。

46 玄关

幸一正在穿鞋。

文子过来。

幸一:可能很晚才能回来。

文子:噢。爸爸妈妈怎么办?我陪他们去吧。

幸一:不用了。你去的话,家里没人可不行。下个星期天也能去嘛。

文子:好的。那你去吧。

幸一出门而去。

阿实和阿勇出来。

阿实：爸爸去哪儿了？

文子：出诊啊。

若无其事地回答，然后向屋里走去。

阿实立马开始生气。

47 屋里

文子回到屋里。

文子：好不容易能出去一趟，真是太不巧了……

周吉：不必介意。忙是好事呀。

富子：真是太辛苦了。

阿实进屋，阿勇也跟进来。

阿实：（气鼓鼓的样子）妈妈！不去了吗？

文子：是啊。

阿实：真没劲！哼！

文子：那也没办法呀，因为有病人啊。

阿实：就是没劲！

富子：（笑着说）下次去吧。

阿实：我才不干呢！

文子：你说什么呀，阿实！快到一边去！

阿实：什么呀，你骗人！

文子：（严厉地）你给我到一边去！

阿实咚咚地跺着脚出去了。

富子（对阿勇招手）：过来……

阿勇：才不要呢。

说完就跑掉了。

周吉和富子笑了。

文子：真拿他们没办法。

周吉：唉，男孩子嘛，调皮一点好……

正说着，诊疗室那边传来"咚"地一声。

是阿实把病床上的枕头扔了出来。

文子吃了一惊，起身走出屋去。

48 诊疗室

阿实和阿勇，坐在病床上，阿实满脸不高兴，故意狠狠地在病床上坐下。

文子进来。

文子：（严厉地）再不听话就太过分了！干什么呢？重手重脚的！

阿实：没劲透了！

文子：下次去不行吗？

阿实：总说下次下次，一次都没去过！等多久也去不成！

文子：可突然有急事没办法啊！

阿实：怎么会没办法！

文子：真混帐，你要嘟囔到什么时候！

说着瞪了阿实一眼，正要离开——

阿实：（拉开嗓门）哇——哇——哇！

阿勇：（学哥哥的样子）哇！

文子猛地转身。

阿实：（故意地）哇！

文子：干什么！太不像话了！等爸爸回来，我告诉他！

阿实：你告诉他好了！

文子：你给我记住了！到时挨骂我可不管！

阿实：有什么了不起！我才不怕呢！

这时富子走进来。

富子：（温和地）怎么啦？

文子：（微笑着）啊，没什么……

富子：阿勇，来，和奶奶到外面走走。阿实也去吧？

阿实：……

富子：走，阿勇——

文子：真好啊，阿勇，跟奶奶去吧……

说着催促阿勇。

富子：来，走吧。阿实不去吗。去吧。

阿实：……

文子：（对富子）让您费心了……

富子带着阿勇出去了。

文子：阿实，你也去吧。不去吗？

阿实：我才不去呢！

文子：好，随你的便！

说完进里屋去了。

阿实又用力地在病床上反复坐下跳起，然后挪到转椅上，坐下来，满脸不高兴地转圈。

49 二楼

周吉正脱下外套换上浴衣。

文子端茶进来。

文子：您请喝茶……

周吉：啊，谢谢。阿实怎么了？

文子：唉……拿他没办法……

周吉：幸一小时候也那样，倔得很，嚷嚷起来谁的话都不听。

文子：可是您难得来一次……

周吉：哎，我们不要紧。

文子：下个星期天再……

周吉：啊，谢谢。不过，再打扰两三天我们想去志繁家看看——（忽然看见）哦，他们在那边玩呢。

50 对面的空地（由周吉这边望去）

阿勇不知在玩什么，富子蹲在一旁守着他。

51 空地

富子和阿勇——

富子：阿勇，你长大了当什么呀？

阿勇没有回答，只顾着玩耍。

富子：要像你爸爸那样当医生吗？——等你当上医生的时候，奶奶已经不在了吧……

52 **二楼**

周吉一个人无聊地呆坐着。

53 **春丽美发店**

只有一个女客人头戴烘干器坐在那里——

志繁和阿清正在忙着什么。

库造从外面回来。

阿清：您回来了。

库造：（对客人）啊，欢迎光临。

点头致意后向里屋走去。

志繁：刚才来电话了。

54 **里屋**

库造：谁打来的——？

志繁：巢鸭的榎本先生——那件事后来怎么样了。

库造：噢，没什么，已经解决了。——爸爸和妈妈在干什么呢？

志繁：在二楼啊。

库造：我去浅草了，买了糕点来。

说着从提包里拿出一个纸包。

志繁进屋来。

志繁：这是什么？

库造：（打开纸包）这家的味道好着呢。是白豆沙的。

说着拿了一块吃。

志繁：很贵吧。不用买这么好的呀。

说着自己也尝了一块。

库造：好吃吧？

志繁：好吃是好吃，但这也太浪费了，脆饼足够了。

库造：可是昨天的点心就是脆饼啊。

志繁：没关系的，反正他们喜欢吃脆饼嘛。

——对了，你明天能带爸爸妈妈到哪儿去逛逛？

库造：明天啊……明天有点不方便，我得去收款啊。

志繁：噢——本来应当是我哥带他们去的……

库造：那今晚，我陪他们去金车亭吧。

志繁：那儿现在演什么？

库造：从昨晚开始演浪花曲呢。

志繁：是吗。啊，你带他们去吧。来了东京，什么地方都还没去过呢。

库造：就是嘛，一整天在楼上待着，真难为他们了。

志繁：是啊。可也没办法，没人带他们去呀。

说着起身向店里走去。

库造从衣袋里取出记事本之类，然后拿上肥皂、毛巾向二楼走去。

55　二楼

富子一个人正在做针线活儿。

库造走上楼来。

库造：哟，您做针线哪？

富子：啊，你回来啦。

库造：让您受累了。

富子：没事的……

库造：爸爸呢？

富子：在阳台——

库造：(对富子)去洗澡吧。(然后从窗口朝阳台喊)爸爸！爸爸！

56 阳台

周吉呆呆地坐着。

周吉：（听见库造的声音，回头）噢。

库造的声音："去洗澡吧！"

周吉：噢……

说着起身进屋。

57 二楼

富子正收拾针线。

周吉进来。

周吉：啊，回来啦。

库造：好，走吧——妈妈，等回来的时候，去吃小豆冰激凌吧。

富子：好的，多谢你。

库造：我们走吧。

说着三人下楼而去。

58 楼下 店内

阿清正往顾客头发上卷发卷。志繁站在一旁看着。

这时三人进来。

库造：我们去洗个澡。

志繁：噢，去吧。

富子：我们走啦。

志繁：啊，妈妈，您就穿我那双旧木屐去吧。

富子：噢，那就借用一下……

志繁：慢走啊。

三人走出——

志繁忽然想到什么，拿起电话。

志繁：喂，请问是米山商社吗？——请找平山纪子。啊，多谢……纪子？是我……不，应该是我谢你……那个，想拜托你一件事。明天你有空吗？不，是爸爸妈妈，他们来了东京，到现在还没出去游览过呢……可不是嘛，所以，如果你明天有空的话，能不能请你带他们出去走走。真过意不去……对，本来要是我能去就最好了，可是这些天，店里脱不开身……嗯，可不是。不好意思啊……啊？噢，是的……嗯……嗯……

59 米山商社的事务所

只有七八个办事员的杂乱的小公司。

纪子在接电话。

纪子：对不起，请稍等一下。

说完放下电话走到上司那里。

纪子：实在不好意思……

上司：（一边做工作一边说）什么事？

纪子：明天我可不可以请一天假？

上司：可以啊。

纪子：谢谢。

上司：旭日铝厂的事办妥了吗？

纪子：今天就能办完。

说完行礼，回到电话前。

纪子：喂，啊，让您久等了……那明天九点我去接他们。嗯？不，不用了。那么明天见。

60　行驶的观光巴士中

周吉夫妇和纪子一同坐在车内。

导游小姐的介绍——

"——欢迎各位光临东京。借此机会，让我们一同来了解一下东京这座大都会的历史吧。"

61　丸之内商业区的风景渐渐远去

62　从车窗中望去的宫城

"皇居曾经被称为千代田城。距今约五百年前，由太田道灌主持修建而成。护城河中倒映着松树苍翠的树影，这里的幽静在东京热闹的都会环境中显得更加古雅庄严。"

63　银座

观光巴士行驶而去——

64 百货公司旁的街道

观光巴士停在路边。

65 百货公司楼顶

周吉夫妇和纪子正眺望街景。

纪子：哥哥家是在这个方向。

周吉：是。

富子：志繁家呢？

纪子：姐姐家，嗯，大概是那一带吧。

富子：你的住处呢？

纪子：我住的地方（转向相反的方向）在这边。您看见了吗？

富子：看见了。

纪子：非常破旧的地方，若不嫌弃的话，回去时顺便去坐坐吧……

周吉：噢。

导游小姐从对面招呼大家。

"各位，差不多该走了，请大家集合。"

众人向那边走去。

66 从那楼顶看到的街景

67 同日 纪子公寓的外景

陈旧的公寓。

时近黄昏，夕阳映照。

68　二楼某室

带蚊帐的婴儿床里躺着一个婴儿。年轻的主妇在一旁折叠晾干的衣物。

敲门声——

主妇：哪位？

门开了，纪子走进来。

主妇：哎，今天真早——

纪子：小美睡觉呢？

主妇：刚刚才好不容易睡着了。

纪子：不好意思，有酒吗？

主妇：酒？

纪子：（点头）我公公婆婆来了。

主妇：噢，也许还剩了不多一点。

说着起身取来一个一升瓶。瓶里还剩了约两合[1]酒。

主妇：只有这点儿了，够吗？

纪子：够了。那我就借用了。谢谢啊。

说完离开。

69　走廊

纪子进了隔壁自己的房间。

---

[1] 合：旧式容量单位。一合约等于0.18升。

70 纪子的房间

周吉夫妇正端详着橱柜上昌二（他们阵亡的次子，纪子的亡夫）的照片。

纪子走进来。

周吉：啊，昌二这张照片是在哪儿照的呀？

纪子：在镰仓。是朋友给照的……

富子：什么时候？

纪子：去打仗的前一年。

富子：噢——（然后转向周吉）看他眯着眼睛那模样……

周吉：唔……这照片里他也歪着头呢。

富子：这孩子就这毛病。

周吉：唔……

照片的特写——

71 走廊

纪子出屋，又走向隔壁，敲门进屋。

72 隔壁室内

主妇走向门口。

主妇：什么事？

纪子：（微笑着）酒壶和酒盅。

主妇：啊，对、对——

说着从橱柜里取出酒壶和酒盅，顺便取出一碗小菜。

主妇：这个也拿去吧，煮青椒，很好吃的。

纪子：谢谢，那我就不客气了。

主妇：（一边把酒壶和酒盅递给纪子）洗过了。

纪子：不好意思，又来打扰。

说完离开。

73 纪子的房间

周吉和富子——

纪子回来。

富子：阿纪，请别忙活了。

纪子：不要紧，也没什么要忙活的。

边说边做准备。

富子：今天多亏你陪我们……

纪子：别客气……反倒让爸爸妈妈受累了吧？

周吉：哪里哪里，没想到让你陪我们看了那么多好地方……

纪子拿了抹布来，擦拭二老面前的小饭桌，摆上碗筷、小菜等。

富子：真过意不去啊，耽误你上班了。

纪子：没事的……

周吉：工作很忙吧？

纪子：不要紧的，是家小公司，忙的时候星期天也要上班。现在正好是空闲的时候……

周吉：是吗？那就好……

纪子起身拿来酒壶。

纪子：（把酒盅递给周吉）您请。

周吉：啊，好。（接过酒盅）

纪子：没什么可招待的……

周吉：哪里哪里……（一饮而尽，对富子说）真好喝啊。

纪子：爸爸，您很喜欢喝酒吗？

富子：啊，以前可能喝呢。家里若是没了酒，就老不高兴的，到了晚上，还要出去喝呢。

周吉：唔……（苦笑）

富子：所以每当生了男孩，我就想啊，这孩子可别变成好酒的……

周吉：昌二怎么样？

纪子：他也喝啊。

富子：（意外地）是吗？

纪子：有时下班以后在外面喝酒，到夜里没了电车，还常常带朋友来这里……

周吉：是吗？

富子：那么说你也很头疼喽？

纪子：（微微一笑）嗯，现在想起来倒很怀念呢。

富子：真是这样啊。我们大概是离得远，总觉得昌二还在哪里活着。因为这个，你爸爸还时常责备我呢……

周吉：唉，人早已经死了嘛。都快八年了呀。

纪子：……

富子：说是这么说啊……

周吉：（对纪子）那也是个调皮捣蛋的家伙，给你添了不少麻烦吧……

纪子：没有啊……

富子：的确是这样，让你受累了……

纪子：……

敲门声——

纪子：来了。

说着起身去开门。

一个来送外卖的男子端着大碗站在门外。

送外卖的男子：让您久等了。

纪子：谢谢。

送外卖的男子把大碗递上后离开。

纪子把大碗端上小饭桌。

纪子：恐怕不太合您的口味，妈妈请——

富子：谢谢啊。

纪子：请用吧——

富子：那就不客气了。

富子面对小饭桌坐好，揭开碗盖。

纪子又把另一碗端到周吉面前。

74 同日夜 春丽美发店

空荡荡的店内，志繁坐在室内一角，正摇着团扇与来访的幸一交谈着。

幸一：这么晚啊。

志繁：就快回来了。——爸妈大概会在东京呆到什么时候？

幸一：嗯……他们没说什么吗？

志繁：嗯，没说什么……对了，哥哥，我有个主意。你能不能出三千块钱？

幸一：什么事啊？

志繁：哎，我也会出钱的。两千块可以了吧？不过还是得三千吧？

幸一：你想干什么？

志繁：噢，我想要不让爸爸妈妈去热海住两三天吧。

幸一：唔……

志繁：哥哥你也很忙，我这阵子讲习会什么的也抽不出空来。即便这样，也不能总拜托纪子……你说呢？

幸一：嗯，这样也好。

志繁：我知道热海有个不错的旅馆。景致好，又便宜。

幸一：那好啊。让他们去吧。

志繁：爸妈会很高兴的。

幸一：那好。我也正犯愁呢。那好啊。即便是带他们出去，也得花两三千块呢。

志繁：就是嘛。这样还更省钱。而且可以泡温泉——

（忽然像是觉察到里屋有人，回头喊道）我说啊——

里屋内库造回头

库造：什么事啊？

说着走出里屋。

志繁：我说啊，刚才也跟哥哥讲过了，我想让爸爸妈妈去趟热海。

库造：是吗？那不也挺好？——

（对幸一）我也一直过意不去呢，哪儿也没能带他们去……

志繁：所以嘛，你觉得呢？

库造：我赞成。（对幸一）那里很不错的。

幸一：（点头）那，就这么办吧。

志繁：（点点头对库造说）而且让他们来了咱家，也没能为他们做什么。

库造：是啊，就是嘛。（对幸一）热海很不错。（自己也在旁边的椅子上坐下来，对幸一说）

这么热的天，与其在东京游览，不如让他们去洗温泉，舒舒服服地睡睡午觉。这样对老年人更好。对不对？

（说着看了看志繁）

志繁：就是嘛。（自言自语）不过也太晚了。

幸一：大概是顺便去了纪子的公寓吧。

志繁：啊，也许吧。

说着一边用团扇啪啪地驱赶脚下的蚊子。

75　热海的街市

小城群山环抱——

海岸的防波堤——

76　靠海的旅馆房间内（二楼）

周吉和富子换上了旅馆的浴衣，一边喝着茶——

富子：没想到还能来泡趟温泉……

周吉：是啊，哪想到会让孩子们破费……

富子：真舒服啊。

周吉：嗯，明天起个大早，在这附近走走吧。

富子：好啊。好像这前面有个地方，风景很不错。女招待这么说的。

周吉：噢——（看着大海的方向）真是风平浪静啊。

富子：是啊。

77　平静的大海

78　同一天晚上 旅馆的走廊（楼梯下面）
时钟已经指着十一点半。

女招待端着寿司大盘向楼上走去。

79　二楼走廊
女招待端着寿司走进一个房间。

80　那个房间内
去掉隔扇的两个房间。两组客人把铺着的被褥挪到一边，正围坐着打麻将。

包括女人在内，共十一二人，像是哪个公司的旅行团。

也有人横躺在被褥上。

远远传来卖唱艺人唱流行歌的声音。

女招待：久等了——

男A：噢，寿司来了——噢，碰！

男B：哎，你要和啊？

男C：你可真是碰到我的痛处了。

男D：哎，不痛不痛，碰得好（说着抓了一张牌，扔出）妈的！

男C：你能和？（扔牌）

男B：（摸了一张，扔牌）快和了。

男A：快和了？你不是打过吗？

男B：打过啊。

男D：他妈的！（抓牌）

81　走廊

打麻将的声音——卖唱艺人的歌声越来越清晰。

有两个男人像是刚从丝川边回来，正向房间走去。

82　老两口的房间

周吉和富子已经躺下了。

传来麻将和卖唱艺人的吵闹声，两人都无法入睡。

富子：真吵啊。

周吉：唔。

富子：这都几点了啊？

周吉：唔……

83　走廊

麻将的噪音夹杂着卖唱艺人的流行歌，越加嘈杂。

84　旅馆前的街道

一群卖唱艺人起劲地唱着歌——

85　老两口的房间

周吉一直忍耐着，但实在睡不着，"嗯——"一声坐起，叹气。

富子也坐起来，无可奈何地叹息。

卖唱艺人的歌声越发嘈杂。

86　早晨　热海

环抱小城的群山，晨光映照——

87　旅馆二楼

走廊一角集中堆放着昨夜留下的碗盘和空啤酒瓶等——

女招待哼唱着流行歌，正打扫房间。

88　防波堤

周吉和富子身穿旅馆的浴衣，在晨风中小憩。

富子：（看见周吉疲倦地敲击自己的脖颈）怎么啦？

周吉：唔。

富子：大概是昨晚没睡好吧。

周吉：嗯——你倒睡得挺好。

富子：瞎说。我也没睡着……

周吉：你才瞎说呢。你还打呼噜呢。

富子：是吗？

周吉：——唉，这儿是年轻人来的地方啊。

富子：是啊。

89　旅馆二楼

两个女招待，一边清扫走廊和房间——

女招待A：哎，昨天那对新婚夫妇怎么样？看起来很讨厌呐。

女招待B：他们真是新婚夫妇吗？没见过那样的啊。今早男人早早起来了，女的还一直赖在被窝里抽烟呢。

女招待A：也是那男人惯的呗。我去听了一下，说什么"这下你整个人都是我的了。"

女招待B：那样的女人，还不知是谁的呢！

90　防波堤

周吉和富子

富子：京子现在在干什么呢？

周吉：嗯……差不多该回家了吧。

富子：（微笑着）老头子，是不是想家了？

周吉：——哎，是你吧。是你想家了吧。（说着笑了）——东京也逛了，热海也逛了，该回了吧。

富子：是啊，回吧。

周吉：嗯。

说着站起身来。

富子也跟着起身，像是头晕似的身子晃了一下。

周吉：怎么了？

富子：不知怎的，身子发软。没事儿，已经好了。

周吉：大概是因为没睡好吧。——走吧。

说着，两人朝旅馆方向返回。

91　旅馆二楼

清扫完毕的房间里,矮桌上摆着茶和咸梅干。

92　春丽美发店

同一天下午。

助手阿清正整理器具,志繁在为一个中年妇人做头发。

还有几个头戴干燥器,一边阅读杂志的女客。

志繁:(一边做头发)太太,您要不要试试把头发往上梳?肯定适合您。

妇人:是吗?

志繁:您的发际线非常漂亮。把左边梳紧,右边做成蓬松的大波浪,可以映衬……

妇人:那下次就试试这么梳吧……

志繁:就是,会显得非常有个性呢。

另一个妇人:(对助手)阿清,给我拿本别的杂志,还有火柴。

阿清:好的。

说着把另外的杂志递过去,并为客人擦着一根火柴。

志繁:(对那个妇人)您今天出门挺早的嘛。

妇人:不,我今天是晚班。

这时老两口回来了。

阿清:啊,您二位回来了。

周吉:噢,你好。

志繁:哎呀,你们这就回来了?

周吉:啊。

富子:回来了。

志繁:你们干吗不慢慢多玩几天……出什么事了吗?

周吉:啊,没有没有。

富子:回来了……

说着向里屋走去。

妇人:哪位?

志繁:噢,是熟人。从乡下来——

妇人:哦。

志繁:喂,阿清,你帮我弄一下这些发卷——

93 二楼

周吉和富子,在房中休息,看似松了一口气。

这时志繁上楼来了。

志繁:玩得怎么样?回来得真够早的。

周吉:唔。

志繁:热海怎么样?

周吉:唔,很好啊。温泉也很不错。

富子:从旅馆可以看见风景,非常好。

志繁:我就说嘛,那里可好呢,而且是才建好的……人多吗?

周吉:嗯,有点多。

志繁:吃到什么好菜吗?

富子:生鱼片,还有鸡蛋羹……

志繁:生鱼片很好吃吧。那里离海很近……

富子:还有大块的煎蛋卷呢。

志繁：为什么要急着回来呢？还以为你们会再慢慢待两三天时间呢。

周吉：嗯，不过我们想差不多该回家了。

志繁：不用着急嘛，难得出来一次。

周吉：不过，也该回去了……

富子：京子一个人也怪冷清的……

志繁：不用担心的，妈妈。京子也不是小孩了……下个休息日，我还想陪你们去看歌舞伎呢。

周吉：是吗？——不过，总让你破费过意不去啊。

志繁：哎，你们应当多玩几天才对啊。今晚七点家里有个聚会……不，是讲习会。

富子：这样啊。有很多客人来吗？

志繁：是啊。不巧刚好轮到我家啊。

周吉：是吗？那可真是不好办啊。

志繁：所以我才希望你们多玩几天啊。我应当先跟你们说一声就对了……

阿清进来。

阿清：师傅，发卷弄好了……

志繁：噢，好的。（对父母）我去一下。

说完跟随阿清下楼去了。

周吉：（面带失望的表情）怎么办？

富子：怎么办呢？

周吉：再到幸一那里去添麻烦也不好……

富子：也是啊——要不到纪子那里借宿一晚？

周吉：不成，那里也住不下咱们两个。你一个人去借住吧……

富子：那你呢？

周吉：我想去服部先生那里拜访一下。应当可以让他容我住一宿——总之，那就走吧。

富子：好吧。

周吉：（微笑着）——到底变成无家可归的了……

富子也笑着点头。

94 上野公园的一角

周吉和富子坐在公园的长椅上，默默嚼着花生米之类的食物。

周吉：（取出怀表看了看）差不多纪子也该回来了。

富子：是吗？

周吉：还是早了点吧？

富子：可是老头子，去拜访服部先生的话，也不能去太晚了呀……

周吉：你说的也是，那就慢慢走着去吧。

说着缓缓起身走路，一边眺望街区的方向

周吉：嗨，东京可真大呀。

富子：就是。要是不小心在这地方走丢了，恐怕一辈子都找不着吧。

周吉：唔。

富子：哎呀！

想起手提袋忘在了长椅上，急忙折回去取。

周吉：你看，就在那儿呢。

然后，两人又并肩而行。

95　傍晚　代书处（服部先生的家）的门口

外面的玻璃门已经关上，窗帘也拉上了。

96　里面的房间

来访的周吉与旧友服部修（68岁），还有他的老伴儿米子（60岁）亲密地交谈着。

服部：嗨，已经这么多年了啊。

周吉：从那以后，不知不觉都过去十七八年了。

服部：是吗？——难为你每年都寄贺年片来。

周吉：哪里哪里，你也一样啊。

米子：尾道变化也很大吧？

周吉：不大。幸亏躲过了战时的轰炸啊。原来您家所在的西御所那边也还是老样子呢。

米子：是吗？那是个好地方啊。登上千光寺，能看到老远的风景呢。

服部：是啊，樱花开过以后，鲷鱼味道又好又便宜……来了东京以后，就没吃上过鲷鱼啊。

米子：真是这样——（忽然想起）哎，他爸。

服部：嗯？

米子低声说了几句什么。

服部：嗯，待会儿再说。

这时从二楼走下一个穿西服的青年（借宿的房客）

青年：阿姨，要是伊坂来了，请告诉他我在那边的弹子房。

米子：（点点头）你去吧。

青年：拜托了。

青年走了，米子也起身去了厨房。

服部：唉，这人在二楼借住，很贪玩的一个人。

周吉：噢。

服部：是个学法律的大学生，可法律的事他什么都不懂。

周吉：（微笑着）是吗？

服部：不是上弹子房就是打麻将，他老家的父母可真够倒霉的。

说着，两人一同放声大笑。

米子：（从厨房）哎，你来一下……

服部：嗯？哦——（对周吉）怎么样，好久没一起喝酒了，去哪儿喝一杯吧。

周吉：啊。

米子：我家里什么都没准备。

周吉：哪里哪里，我突然来打扰……

服部：你还记得吗？那时候当警察署长的……

周吉：噢，沼田先生——

服部：对对对，他也在这儿，就住这附近。

周吉：哦，是吗？他现在做什么呢？

服部：他儿子在一家印刷公司当部长，他现在正享清福呢。

周吉：是吗？那倒不错……

服部：要不也叫上他？

周吉：那可太好了。——真没想到……这样啊……

97 街上的霓虹广告塔

上野广小路一带。

98 看得见上野街景的小饭馆二楼

周吉、前辈昭田三平（71岁）、服部三人正围着火锅畅谈。

沼田：（拿起酒壶倒酒）来，喝吧喝吧。

周吉：哎呀，已经喝得够多了……

服部：嗨，不多不多。多少年没喝了，别担心嘛。

周吉：其实我最近已经不喝了。

服部：可你当年酒量那么好。对，就是县长来尾道那次……

沼田：噢，是在竹村屋吧。啊哈……

服部：（对沼田）那一次你也喝醉了。记得吗？那个白白胖胖的艺伎——

沼田：阿梅？

服部：你喜欢那姑娘，对不对？

沼田：哈哈哈，那可不是，还跟县长先生争风吃醋，不得了呢。

服部：（对周吉）你也有点喜欢那姑娘，对吧？

周吉：唉，真难为情啊……（苦笑着）我向来都是一喝酒就不成了。

沼田：哪里哪里，没有的事。还是喝点好。来，干了。

周吉：哎。（喝干杯里的酒，接受敬酒）

服部：说起来，你家挺不错啊，孩子们都好好的。

周吉：唉，怎么说呢……

服部：像我家这样，哪怕有一个活下来也好啊。我还时常跟老太婆说起……

沼田：两个都没了真是痛心啊——（对周吉）你家是一个吧？

周吉：嗯，二儿子没了。

服部：唉，再也不要打什么仗了。

沼田：唔，一点没错——不过，孩子这东西，没有吧，觉得冷清，有吧，又越来越嫌爹娘碍事。反正就是不能两全其美啊。（表情落寞地把酒喝干）哎，喝吧。（给服部倒酒）

服部：嗯。

服部接酒，一时间大家都沉默不语。

服部：不行，这说得越来越丧气了。

沼田：哈哈哈哈，打起精神来吧。

服部：唔，喝吧喝吧（一边给周吉倒酒）。我家要是再宽敞一点，今晚本可以住我家，喝他个通宵……

说着站起来，去走廊击掌唤人。

服部：喂，大姐，酒——（又击掌）我说大姐，拿酒来！

边说边下楼去了。

沼田：——我说你啊，来一趟可真不容易。

周吉：啊，真没想到会在东京见着您……

99　忽明忽暗的广告塔

100　同一天夜里　僻静的街道

夜已经很深了。

101 附近的"加代"杂烩店

沼田、服部、周吉三人都醉醺醺地,围坐在锅前。服部已经喝过了头,迷迷糊糊地坐着。

老板娘加代是个标致利落的中年女人。

加代:(把酒壶放在沼田面前)给,热的。

沼田:喂,给我斟一杯嘛。

加代:(一边斟酒)您今天喝得太多了吧。

沼田:喂,平山君,这女人怎么样? 不觉得她有点像吗?

加代:又来了。

周吉:哦,像谁?

服部:(忽然抬起头)啊,像啊,很像。沼田:像谁?

服部:不是像阿梅吗?

沼田:不是不是。阿梅胖得多,像我老婆啊。

周吉:噢,这么说还真像。

沼田:很像吧。这块儿……

加代:你们差不多也该走了吧。今晚你喝太多了。

沼田:连刻薄的性格也像。

加代:真唠叨啊你。

沼田:我老婆也常常这么说,啊哈……

——哎,过来呀,给我倒杯酒,来啊。

然而,加代已不再理睬他。

周吉:(拿过酒壶)服部兄,再来一杯?

正要倒酒,服部已经醉得不行了。

服部:不能再喝了。

说着只摇了摇头,他已烂醉如泥。

沼田:(只管一个人沉浸在感慨中,对周吉)不过,你是最有福气的了。

周吉:怎么会呢?

沼田:到东京来,又有好儿子,又有好女儿……

周吉:那您家不也一样吗?

沼田:哪儿呀。我家那小子不成气,成天只会看老婆的脸色,把我当累赘。没出息的家伙。

周吉:可,他不是印刷公司的部长吗——

沼田:什么呀。哪来的部长!还在当股长呢。说起来太没面子,我才对人家说他是部长。其实是个没用的东西。

周吉:可别这么说,怎么会呢。

沼田:好不容易才有了这么个独生子,都怪我们把他惯坏了……看看你家的孩子,多有出息!人家可是真正的博士啊。

周吉:唉,现在医学博士也不稀奇了。

沼田:唉,做父母的再怎么期望,孩子却不争气啊。首先他太没志气,根本不知道什么叫鲲鹏之志。前不久我还对儿子这么说了。那小子却说什么东京人太多,往上爬不容易。——你说这叫什么话!怎么会这么没魄力?一点奋斗精神都没有,当年我可不是这么教育他的啊……

周吉:我说沼田先生,你也太……

沼田:嗯?难道你不这么想吗?你觉得很满意吗?

周吉:唉,哪谈得上满意啊……

沼田:我说嘛,就连你都不满意……我心里真不好过……(一

边揉了揉眼睛）

服部：（忽然抬起脸）哎，不成了，不能再喝了。（然后又开始昏睡）

周吉：——不过啊，沼田先生，我这次出来之前，对儿子也还抱着点期待，哪想他只不过是近郊小巷里的诊所大夫。你的心情我能理解，就像你说的那样，我也觉得不满意啊。可是话又说回来，沼田先生，这是世间父母的私欲。私欲是没有止境的。所以这事儿不想开可不行啊，反正我是这么觉着的。

沼田：你觉着吗？

周吉：觉着。

沼田：原来，你也……

周吉：我儿子过去也不是那样的……没法子啊，沼田先生，东京毕竟还是人太多了。

沼田：是吗？

周吉：唉，不想开点不行啊。

沼田：也是啊。最近的年轻人里，甚至有的杀了自己的父母也不在乎呢。比起他们，咱们的孩子还算不错了啊。哈哈哈哈。

加代：你们几位！已经十二点了！

沼田：十二点怎么了？

加代：差不多你们该回去了吧。

沼田：哈哈哈哈，你这样子可像了，我就喜欢你这样呢。

加代：（狠狠瞪了服部一眼）怎么办啊？这人。

沼田：噢，别理他，别理他！今晚就要喝个痛快。你说，这多开心啊。

周吉：唔——啊，开心开心——

其间只有服部一个人沉沉入睡。

102 同一天晚上 纪子公寓的走廊上

不知从哪个房间传来时钟敲响十二点的声音。

103 纪子的房间

被褥已经铺好，富子坐在上面，纪子在为她揉肩膀。

富子：啊，谢谢，可以了。

纪子：不急的……（接着轻捶）

富子：唉——今天一天可真长啊……从热海回来，去了志繁那儿，去了上野公园……

纪子：您累了吧。

富子：没什么——也给你添了麻烦……真过意不去……

纪子：您别客气——不过您能来太好了……我还以为您不会再来了呢。

富子：四处得你们照应……（对还在捶背的纪子）真的不用了。

纪子：好的。

富子：太谢谢了。

纪子起身去拿了水瓶和杯子来，放在富子枕边。

富子：你明天一大早还要上班，都这么晚了……

纪子：不要紧的。倒是妈妈您……该休息了吧。

富子：那就睡吧……

纪子：您睡吧。

纪子让富子躺下,为她盖上被子。

富子:没想到,能盖着昌二的被子睡觉……

纪子起身去关窗。

富子等纪子回来——

富子:我说,阿纪啊——

纪子:嗯?

富子:我说了你千万别介意啊……

纪子:什么事?

富子:昌二他,死了已经有八年了,你还那样摆着他的照片,我看着总觉得太委屈你了……

纪子:(面带笑容)为什么这么说呢?

富子:你还年轻啊……

纪子:(笑着)已经不年轻了……

富子:不,真的。我觉得对不住你……时常跟你爸爸说起这事,要是有合适的人,你就别顾虑了,嫁给人家吧。

纪子:……(笑着)

富子:我是说真的,若不这样的话,我们真觉得对不住你……

纪子:(笑了笑)好的,如果有的话……

富子:有啊。会有的。像你这样的一定会有的。

纪子:是吗?

富子:……这些年来一直让你吃苦,这样下去的话,我心里过意不去啊……

纪子:没事的。妈妈,我就乐意这样。

富子:可是,你这也太……

纪子：不，我不在意的。这样过得更轻松。

富子：可是，即便现在是这样，将来渐渐上了年纪，一个人还是会寂寞的啊。

纪子：不要紧的。反正我已经决定不长岁数了。

富子：（感动得落泪）你啊……真是个好人哪……

纪子：（淡淡地）睡吧。

说完起身关灯，钻进被子。不一会儿，纪子的眼里渐渐涌出泪水。

104 丽春美发店

电灯灭了，椅子和工具等都盖上了白布。

105 里间

志繁和库造并排而卧。传来敲门的声音。

男人的声音：晚上好……晚上好……

两人睁开眼睛。

敲门的声音——

刚才那个声音：喂喂……喂喂……金子先生……

志繁：哎，哪一位？——是谁啊。

库造：唔。

志繁一边整理睡衣前襟，一边往外走。

106 店里

志繁打开店里的电灯——

志繁：哪一位？

人声:我是这附近派出所的高桥……

志繁:噢,对不起……

说着开了门,一个巡警站在门外。

巡警:啊,对不起,这么晚了……这位说是您家的熟人,我把他带来了……

志繁:……?

巡警:他醉得很厉害……

周吉摇摇晃晃地出现在门口。

志繁:怎么回事?爸爸?——(对巡警)真对不起。

沼田也紧跟着摇摇晃晃地出现在门口。

巡警:那我走了。

说完行礼离去,沼田默默地向他鞠躬致谢。

周吉和沼田都已烂醉如泥。

志繁:(看着沼田)这是谁?爸爸——

周吉:这……

趁着志繁关大门的工夫,两人鞋也没脱,就进了屋,一屁股坐在烫发的座椅上。

志繁:(回来)爸爸!怎么回事啊?爸爸!

周吉:嗯……

库造也身穿着睡衣从里屋出来。

库造:怎么了?

志繁:带了个陌生人回来。

库造:谁呀?

志繁:不知道。

沼田：（口齿不清地）哎……开心，真开心……嗯……

志繁：（愤愤然地）怎么回事啊？爸爸！爸爸！爸爸！怎么回事啊？

周吉：（迷迷糊糊地）哎……真是的……没办法啊……嗯……开心啊。

志繁：真没办法……（皱着眉头）好不容易才戒了，又喝起来……（看了看沼田，用力摇醒他）喂喂，喂喂，你醒醒——

沼田：啊开心，真开心……

志繁：（又去摇周吉的肩膀）爸爸！爸爸！……真没办法！

说着，垂头丧气地坐下。

库造：怎么搞的？这是去哪儿喝了酒来？

志繁：谁知道是哪儿！！（愤愤地嘟囔）——真不像话……爸爸过去就爱喝酒。一说有宴会，总是喝得醉醺醺地回来，不知给妈妈添了多少麻烦。我们也烦死了……好不容易到京子出生以后，他才像变了个人似的，彻底把酒给戒了。我们才放了心……

沼田：（突然狂躁地）啊，那不行，啊，不行不行，哎……

看他像要说什么，却又呼呼地睡着了。

库造：（不由得皱起眉头）哎，怎么办？

志繁：（烦不胜烦地）——还以为今天不会回来了，哪想他反倒带来个陌生人……真讨厌……

说完向屋里走去。

107 里间

志繁丧气地一屁股坐在被褥上。

库造进来。

库造:喂,也不能让他们就那么睡呀。

志繁:——没办法啊……

库造:让阿清到下面来,让他们上二楼睡吧。

志繁:醉成那个样子,还上得去二楼?

库造:那怎么办?

志繁:真烦人啊……(站起来)你拿上这个(指毛毯)去二楼睡吧。只好让他们睡这儿了。

库造:这样啊。

说着拿着毛毯站起来,志繁把自己的毛毯也递给他。

库造抱着毛毯走出去。

志繁整理余下的被单,又把坐垫折起来当枕头,一边自言自语地抱怨。

志繁:——真麻烦。要回来怎么不早说……这么晚了,醉醺醺地回来……所以我最讨厌好酒的……还带个陌生人回来……当人是傻子啊……

108 店里——

周吉和沼田四仰八叉地靠在椅子上呼呼大睡。

109 清早 纪子公寓的外景

110 走廊

纪子端着洗好的碗筷向自己的房间走去。

111 室内

富子做好回家的准备,正在穿袜子。

纪子进来——

富子:实在是麻烦你了……

纪子:没关系的,让您住在这么破旧的地方……

富子:会不会耽误你上班啊?时间还来得及吧?

纪子:不要紧,还来得及——(说着把柜子上的一个纸包拿过来)哎,妈妈……

富子:什么呀?

纪子:怪不好意思的,这个——

富子:什么?

纪子:(笑着说)给妈妈的零用钱。

富子:你这是……

纪子:您别介意,是我的一点心意……

富子:你这样可不行——

纪子:只是一点心意……

富子:不行不行。

纪子:可是,妈妈——(说着硬要往富子手里塞)

富子:不行啊,可别这样。

纪子:(硬塞给她)请收下吧。

富子:本来应当是我给你才对啊……

纪子:怎么会呢……您就收下吧,妈妈。

富子:好吧,真过意不去。那我就收下了。

纪子:(面带笑容)请收下吧。

富子：我知道你也有很多需要花钱的地方，还这么体贴我，真不知道说什么才好。（拉着纪子的手）谢谢你，纪子……谢谢……

纪子：（开朗地）妈妈，时间也差不多了。

富子：噢。（一边悄悄擦拭眼泪）

纪子：下次到东京，妈妈请再来我这儿吧……

富子：哎……不过，不知还能不能来了……你虽然很忙，但一定要来尾道啊。

纪子：我很想去呢，要是离得再近一点就好了。

富子：是啊。真是太远了……

纪子站起来关窗。

富子也站起身，忽然在昌二的照片前停下来，久久地凝视。

纪子发现富子的牙刷牙膏忘在了一边——

纪子：妈妈，您忘的东西。

说着把东西递给富子。

富子：啊，又忘了……这阵子，老忘东西。

笑着把东西放进手提袋。

112 夜晚 东京站 十号站台下面的候车室

长途列车的乘客们排着队等候检票。队列中有周吉和富子，还有前来送行的幸一、志繁和纪子他们一群人。

幸一：这趟车的话，到名古屋或岐阜一带天就亮了吧。

周吉：是啊。

志繁：到尾道是几点？

幸一：明天下午一点三十五分。

富子：对了，给京子发电报了吗？

幸一：发了。大阪那边，敬三也一定会到站台上去。

富子：噢。

纪子：妈妈要是能在车上好好休息就好……

周吉：嗨，她呀，不论在哪儿都能睡好。

富子：即便睡不好，反正明天过午就到家了。

志繁：爸爸，酒喝太多可不行啊。

周吉：昨晚是因为跟朋友久别重逢嘛……

志繁：头疼好了吗？

周吉：啊，已经好了。

幸一：可别再喝多了啊。

富子：这回也算是个教训吧。

周吉：唉……给你们添了不少麻烦，多亏你们照顾，玩得非常愉快。

富子：大家都忙，实在是麻烦你们了……不过，这回跟大家都见了面，以后如果有个三长两短的，你们就不必特地赶回来了……也好……

志繁：（笑了笑）妈妈，你说什么呀？别说那么泄气的话，弄得跟生离死别似的……

富子：嗯。我是说真的，离得实在太远了。

广播通知开始检票——

乘客们纷纷站起来。

他们也分别拿上行李站起来。

志繁：太挤了。

幸一：嗯。不过这节车厢的话，应当还有好多座位的。

缓慢向前的乘客队列——

检票口上方的时钟——

广播的声音还在继续。

113 大阪的景色 上午

大阪城堡——

工业地带林立的烟囱等等——

114 能看见大阪城堡的车站内

敬三（27岁 周吉的三儿子）脚步匆忙地横穿铁轨走来。

115 车站内事务所

四五个站务员正忙于工作。

敬三进来。

"早上好。"

"早上好。"

敬三：（对年长的同事）昨天实在对不起啊。

年长同事：噢，听说你父母来了？

敬三：是啊，出了桩意外的事。本来他们没打算逗留，没想到我母亲在火车上病了……

年长同事：怎么啦？

敬三：也不知是怎么了，说是这里堵得慌，觉得恶心。

年长同事：是心脏不好吗？

敬三：不是，大概是晕车吧，可能是很久没坐火车的缘故。

说着一边开始工作——

敬三：昨天可把我忙坏了，到被褥铺去租被子，还跑了两趟去找大夫来。简直忙死了。

年长同事：哦，那现在怎么样了？

敬三：已经好了，今天早上就恢复了。

年长同事：你母亲多大岁数了？

敬三：嗯，多大岁数呢？已经六十多了吧。好像六十七还是六十八吧。

年长同事：老人家上了年纪，可得好好照顾啊，都说想尽孝道的时候，父母已经不在了。

敬三：的确如此啊。然而，我真是没法往坟上盖被子[1]呢。哈哈哈哈。

说完继续工作。

116 敬三的宿舍

僻静地段的一栋旧楼的二层，窗外看得见林立的烟囱之类。

富子从病床坐起，正在服用药粉。

周吉：——大概因为车上太挤，才会晕车吧。

富子：可能是吧。

周吉：已经好了吗？

富子：嗯，已经全好了。照这样子，今晚回去都可以。

---

[1] 日谚。意为如果等到父母去世后才想到尽孝心的话，即使往父母坟上盖被子也来不及了。

周吉：嗯，不过还是再打扰一晚，明天坐空一点的火车回去吧。

富子：京子一定担心了吧。

周吉：嗯。

富子：——不过，没想到啊，还能在大阪下车，还见到了敬三。才十天时间，跟孩子们都见了面……

周吉：嗯。

富子：孙子们也长大了……

周吉：嗯——过去常说，孙辈比儿女更招人疼，你觉得怎么样？

富子：您呢？

周吉：还是儿女好啊。

富子：是啊。

周吉：不过，孩子们长大就变了。志繁小时候不也是个心肠很好的孩子吗？

富子：是啊。

周吉：女儿一旦嫁出去就指望不上了。

富子：连幸一也变了，他本来是个很善良的孩子啊。

周吉：很难让父母称心如意吧……（两人说着一同无奈地笑了）——贪心的话还是少说吧，其实算不错的了。

富子：是不错啊，应该说相当不错了，咱们很有福气呢。

周吉：是啊，算是有福气的了。

117 东京 清晨 幸一的家

后院里，阿勇在玩沙子。

118 诊疗室——候诊室

文子在打扫候诊室。

幸一在诊疗室读信。

幸一：爸妈回去的时候，在大阪下车了呢。

文子：是吗？

幸一：说是妈妈在火车上病了，十号中午才回到尾道。

文子走进诊疗室。

文子：已经好了吗？

幸一：应该好了吧，信里写了好多感谢的话。

文子：妈妈一定是累的。

幸一：嗯。可能是因为偶尔旅行一次，而且时间太长了。

文子：不知道他们满不满意呢？

幸一：那当然满意了。四处游览，还去了热海……

文子：也是啊。

幸一：东京的话题大概够他们谈论很久吧。

说完站起来正要进里屋，这时电话铃响了。

119 走廊

幸一拿起电话。

幸一：喂，啊，是我。啊？电报？没有啊。没来。从哪里？

120 春丽美发店

志繁正在打电话。

志繁：从尾道啊，是京子发来的。真奇怪，说妈妈病危了。啊？

嗯,是的。

121 幸一家的电话

幸一:奇怪啊。刚刚才收到爸爸写来的信……说妈妈在火车上有点不舒服,就在大阪下了车,

十号回到尾道……嗯……嗯……是这样的。

不觉间文子也来到一旁,担忧地听着。

送电报的声音:(在门口)平山先生,电报。

文子急忙出去。

幸一:(听到送电报的声音)啊,你等一下。

122 玄关

文子从诊疗室拿了印章,签收电报。

文子:谢谢……

然后立刻折回屋里。

123 走廊

文子拿来电报

文子:尾道来的。

幸一:你念念。

文子:母病危 京子……

幸一:(对着电话)喂,喂,我这里也收到电报了。

124 春丽美发店

志繁：是吗。还真是……嗯……嗯……对，对……反正得去一趟……啊……啊……那待会儿见……

125 走廊

幸一：好，那我等你。

放下电话。

文子：怎么会突然病了呢？

幸一：嗯……

文子：病情很严重吗？

幸一沉默着往里间走去。

文子：要不要通知纪子？

幸一：啊，你打个电话给她。

说完离开。

文子拨电话。

126 纪子的公司

年轻的办事员接电话。

办事员：（大大咧咧地）哦，哦，是米山商社。好，你等一下。

然后对纪子

事务员：平山，电话。

纪子：是我吗？

走过来接电话。

纪子:喂,啊,嫂子?——噢……啊?妈妈她?……嗯……嗯……这样啊?……嗯……嗯……谢谢您……

挂断电话后回到桌旁,沉思了一会儿,然后起身向室外的防火楼梯那边走去。

127 防火楼梯上

纪子站在楼梯上,一动不动地沉思。

128 幸一的家 诊疗室

志繁正在跟幸一谈话。

志繁:怎么回事啊?如果说爸爸病了倒还可以理解……

幸一:嗯。

志繁:妈妈身体那么好。会很严重吗……

幸一:嗯。肯定不太好吧,都说病危了。

志繁:看来非得去一趟了?

幸一:嗯。

志繁:妈妈在东京站说的话好奇怪呢。什么有个三长两短就可以不用来了……我还想怎么说这么不吉利的话,她大概是有预感吧。

幸一:嗯,但是不去不行吧。

志繁:是啊。既然说是病危的话——要去就早去为好。坐上次的那趟火车怎么样?

幸一:可家里的事也得安排一下才行啊。

志繁:我也一样——忙得很啊,最近这段时间……

门口有客人来,是一个老婆婆领着一个头缠绷带的孩子。

幸一：（看见客人）请进。

志繁于是进里屋去了。

文子出来。

幸一：（对文子）哎，拿绷带来。

说完便进屋去了。

129 里屋

志繁和幸一——

幸一：那就坐今晚的夜车出发吧？

志繁：好吧，反正总要去的……那就这么定了——我回去了。

幸一：噢。

幸一说完正要折回诊疗室——

志繁：哥哥，等一下——

幸一：什么？

志繁：丧服怎么办？带不带？

幸一：嗯……也许还是带上好吧。

志繁：是啊。带去吧，带去用不上，那就最好不过了。

幸一：那是。

志繁：那就东京站见。在上次那里——我提早去。

幸一：好。

志繁走了，幸一返回诊疗室。

空无一人的房间。

130 尾道

平山家所在的小巷

131 平山家 套廊

竿子上晾着冰袋等物。

132 屋里

周吉和京子守在昏睡的富子枕边。挂钟敲响一点钟。

京子：（抬头看了看挂钟）爸爸，我去去就回。

周吉：啊，去吧。辛苦啦。

京子起身离开。

133 京子的房间

京子进屋，解下围裙，稍事打扮后走出房间。

134 玄关

京子安静地出门而去。

135 小巷

京子走出小巷。

136 屋里

周吉望着富子沉睡的面容，轻声叹息。

富子微微一动。

周吉：哦，怎么样？……嗯？……热吗？

然而，富子依然昏睡不醒。

周吉：孩子们都要从东京来看你呢……京子刚才接他们去了……就快来了，就快了……

富子依然昏睡——

周吉：（一边为富子扇扇子）会好的……会好……会好……会好的……

然而，这是周吉在自己说给自己听。

137 庭院中

花草在七月的微风中摇曳。

138 夜晚 平山家的厨房

昏暗的电灯下，京子正在凿冰块。

139 屋里

大夫在一旁，幸一正在为富子检查。富子依然处于昏睡中。

周吉、志繁、纪子担忧地守在一旁。

京子拿来冰袋，与大家一同担忧地望着。

大夫：抽过血，血压降下来了，但还是不能摆脱昏睡状态……

幸一：啊，是吗？（用手电筒检查瞳孔）反应很弱啊。

大夫：是啊。

随后检查完毕——

幸一：（对大夫）多谢……

大夫：那，我过些时候再来……

周吉：总是麻烦您……

大夫：请好好照顾病人。

说完起身告辞。纪子送他离开。

京子为富子换冰袋。

远处传来火车的汽笛声。

志繁：（自言自语般）敬三怎么回事。这么慢——（对京子）他回电报了吗？

京子：嗯，什么也没有……

志繁：他在大阪，本应最快……

纪子回来。

幸一：（趁这机会）爸爸，您来一下……（站起身，对志繁）你也来……

说着去了旁边的房间。

140 隔壁房间

幸一进来，等待周吉和志繁。

两人进屋。

幸一：（站着）爸爸，看来妈妈病情很严重……

周吉：是吗？

周吉和志繁都先于幸一坐了下来。

志繁：严重到什么程度？

幸一：情况很糟——（对周吉）这么长时间不醒，看来非常不妙。

周吉：嗯……是不是因为前些时候去东京累坏了？

志繁：不会吧。在东京的时候，妈妈精神那么好。对不对？（说着看了看幸一）

幸一：嗯……不过，也许有这个原因。

周吉：那，该怎么办？

幸一：——我想能挨到明天早上就算不错了……

志繁：（悲痛地）明天早上？

幸一：嗯——能挨到天亮就不错了。

周吉：（无力地）是吗？……不行了吗……

志繁的眼泪夺眶而出。

幸一：妈妈六十八了对吧？

周吉：啊……（自言自语般）是吗？不行了吗？

幸一：——我想是这样的。

周吉：（自言自语般）是吗……就这么完了啊……

幸一：那……

说着起身回里屋。

141 里屋

纪子和京子担忧地望着幸一回来，然而幸一却默默地在富子枕畔坐下。

142 隔壁房间

周吉和志繁——

周吉：（有气无力地）——敬三也赶不上了吗……

志繁又悲伤起来。

周吉安静地站起来,回到里屋。

143 里屋

周吉默不作声地来到富子枕畔坐下,悲伤地凝视着富子沉睡的脸,不时地眨眼。

144 **黎明**

尾道的夜迎来拂晓——东边的天空明亮而耀眼,太阳即将升起的时刻。

空无一人的站台——

没有行人的街道——

拍打着海岸石垣的细浪——

145 **平山家**

富子的脸上盖上了白布。

志繁、幸一、纪子、京子都悲痛地低垂着头。

京子不时地仿佛想起什么似的,擦拭着眼泪。

志繁:(感慨地)——人这辈子真没意思啊……

无人回应。

志繁:(擦拭眼泪)——明明身体那么好……

京子和纪子也悄悄拭泪。

志繁:——妈妈到东京来,也是有预感的吧。

幸一:嗯……是啊……

志繁:不过,来了一趟也好啊。让我们能看到她健健康康的样子,还说了好多话……（忽然想起来似的）纪子，你带丧服来了没有？

纪子：没有，因为……

志繁：是吗？要是带来就好了。京子，你有吗？

京子：嗯，没有。

志繁：那得找谁借一下了。

京子：……

志繁：去借一下吧，纪子的也一起。

京子和纪子都没作声。

志繁：——不过也算大往生[1]了。妈妈没受一点苦就去了（说着，忽然觉察到门口的动静），是敬三吗？

京子立即走出去迎接。

146 玄关

敬三正在脱鞋。

京子出来。

敬三：怎么样了？

京子悲从中来，默默垂下头。

敬三：这样啊……还是没赶上啊……我就想可能赶不上……

无力地脱鞋。

147 起居室——里间

敬三说了声"大家好"，与京子一同进屋。

---

[1]佛教用语。尤指有德行的人无疾而终。

大家应声迎接。

敬三：（对幸一）我不巧出差去了松阪那边，对不起，我来迟了。（对志繁）电报发来的时候我不在啊，姐姐。

志繁：哦。

敬三：怎么会这样呢。什么时候的事？

志繁：——今天凌晨，三点十五分……

敬三：是吗……我要是赶上八点四十分直达鹿儿岛的车就来得及了……

幸一：敬三，妈妈——面容很安详。

敬三站起身，走到亡母枕畔，掀开白布，端详着母亲的脸，眼泪渐渐涌出。

大家在一旁，纷纷拭泪。

幸一：（忽然觉察）啊，爸爸呢？

志繁：哎呀，哪儿去了？

纪子站起来，朝庭院方向张望，一边向玄关走去。

148 门外

纪子出来，四处张望寻找。

149 俯瞰市区和大海的一处山崖上的空地

周吉孤零零地伫立着。

纪子走来。

纪子：爸爸——

周吉：（回头）啊……

纪子：敬三来了。

周吉：噢，是吗……（感慨地）啊，多美的早晨啊。

纪子：……（一阵心酸，低头）

周吉：——今天一定很热吧……

说完平静地往家走去。纪子也低着头默默跟随在后。

150 寺庙内

强烈的阳光下，庭院里空无一人。传来木鱼声。

151 正殿

富子的葬礼。

周吉、幸一、志繁、纪子、敬三、京子——

对面是前来参加葬礼的亲友——其中有邻家太太以及京子任教的小学的学生代表等人。

诵经的声音、木鱼声……

这时敬三不知怎么突然起身离去。

志繁、纪子他们不解地回头看他。

152 僧房

敬三走来，木然站立，然后坐下来，无精打采地望着外面的风景。

153 墓地

远远看得见对面是波光粼粼的海面。

154 僧房

茫然沉思的敬三——

不一会儿纪子走来。

纪子：你怎么了？

敬三：（头也不回地）——那木鱼声，我实在受不了。

纪子：为什么？

敬三：不知为什么，我觉得妈妈好像一点点消散了……（抹去泪水）

纪子：（沉痛地看着他）……

敬三：——我还想尽孝心呐……

纪子：……（目光低垂）一会儿就要上香了……

敬三：怎么会现在就去世呢？——真的是成了没法往坟上盖被子啊……

说着站起来往回走去。

纪子，悄悄拭泪，跟随而去。

155 附近墓地

远处的大海波光闪烁。传来诵经的声音。

156 海岸

波浪哗哗地洗刷着海岸。

157 海滨街道上一间旧餐馆的二楼

送葬归来的周吉、幸一、志繁、纪子、敬三、京子六人围桌而坐。

幸一：（一边给周吉倒酒）爸爸，我们以前还在这个房间看过焰火呢。

周吉：噢，好像是啊。

志繁：对对，住吉庙会的晚上啊。敬三，你记得吗？

敬三：嗯，不记得了。

幸一：你总是天亮着的时候闹个不停，焰火最漂亮的时候却睡着了——

志繁：就是，枕着妈妈的腿，呼呼大睡……

敬三：我全都不记得了。

幸一：那时候爸爸在做什么呢？

周吉：啊……市教育科长吧。

幸一：是吗，那是很久以前了啊……

志繁：对了，放春假的时候，全家一起去大三岛那次——

敬三：噢，那一次我也记得。妈妈还晕船了……

周吉：啊，有那样的事吗……

幸一：那时候，妈妈身体还很好……（对周吉）那时有多大岁数？四十……

周吉：嗯，大概四十二三吧……

志繁：爸爸您一定要保重身体啊……

周吉：嗯。

志繁：希望您更加长寿……

周吉：啊，谢谢。

说着慢慢起身出去。

大家一时沉默——

志繁：——不过，怎么说呢。虽然这么说不太好，两个老人要先走一个的话，还是爸爸先走比较好啊。

幸一：嗯。

志繁：现在这样，等京子结了婚，爸爸一个人就麻烦了。

幸一：是啊。

志繁：如果是妈妈的话，可以让她到东京来，怎么都好办——对了，京子，妈妈不是有条夏服腰带吗？鼠灰色，露珠青草花样的……

京子：对。

志繁：那个我想留作纪念，行吗？哥哥——

幸一：啊，行吧。

志繁：还有，细白纹的上等麻布，还在吧？

京子：在。

志繁：那个我也想要。

这时周吉回来了。

周吉：啊，多亏大家，这下事情都办妥了。你们都那么忙，特地远道赶来，给你们添麻烦了。谢谢了。

说着鞠躬致意。

大家也连忙振作精神，鞠躬还礼。

周吉：还让幸一给看了病，你妈妈也觉得没什么遗憾了吧……

幸一：哎，也没能做什么……

周吉：——不过啊，有件事没跟你们说呢。这次去东京的时候，在热海，你妈妈就有一次摇摇晃晃地站不稳……

幸一：啊？

周吉：不过当时倒也没什么毛病……

志繁：那爸爸当时为什么不说呢？哪怕只跟哥哥说一声也好啊。

周吉：你说的也是啊……

幸一：不过那不是原因。妈妈本来就胖，应该是突发的原因。

志繁：是吗？不知怎么简直就像做梦一样……（忽然态度一变）哥哥，你什么时候回去？

幸一：唔，我也没时间久留……

志繁：我也是啊。怎么样，坐今晚的快车——

幸一：嗯——敬三打算怎么办？

敬三：我还有时间。

幸一：是吗。（对志繁）那，今晚回吧？

志繁：好——纪子还不着急走吧。在爸爸这里多陪陪他吧。

纪子：好的。

周吉：不，你们忙，不用了。

敬三：要不我也一起回去吧。出差的报告还没写呢，还有棒球比赛——我还是回去吧。

周吉：是吗？那么忙还让你赶来……

志繁：可是爸爸，您今后就太寂寞了。

周吉：不要紧，很快会习惯的。

志繁：哎，京子，给我盛饭……

京子默不作声地盛饭。

志繁：敬三，回去的时候你绕到车站，先去把晚上的票买好。

敬三：（点头）给我也盛一碗——

志繁：（一边从京子手里接过饭碗）——但愿车不会太挤……

海面反射的光在隔扇和天棚上闪烁——

158 海岸

波浪哗哗地拍打着岸边的石垣。

159 小巷

对面看得见大海。

160 平山家 庭院一角的菜地

周吉在侍弄菜地。

161 厨房

纪子正在往饭盒里装饭菜。

162 房间

京子正在做去学校的准备。

纪子进来。

纪子：给，盒饭。

京子：太谢谢了。

纪子：（一边为京子抹平衬衫上的皱褶）——打扰了这么长时间……京子，等放了暑假，到东京来吧。

京子：嫂子，你今天非回去不可吗？

纪子：是啊，再不回去……

京子：那我不能去送你了……

纪子：哦，不用了。暑假你一定要来啊。

京子：（点头）不过太好了，嫂子能待到今天——（一边包饭盒）

我觉得哥哥姐姐他们也应该多待几天才对。

纪子：不过大家都很忙啊。

京子：可他们也太过分了。指手画脚了一通之后，甩手就走了。

纪子：那也是没办法的事呀。他们都有工作。

京子：嫂子不也有工作吗？是他们太自私了。

纪子：可是，京子——

京子：嗯，妈妈刚去世，立刻就说要什么东西做留念，一想到妈妈的心情，我真是难过极了。即便是外人都还更有温情呢。我觉得父母子女不应该像那样。

纪子：可是京子啊，我像你这么大的时候，也曾这么想过。但是孩子一旦长大，总要离开父母的啊。到了姐姐那般年纪，就会有跟爸爸妈妈不一样的她自己的生活。我想姐姐那么做也绝对没有恶意。不论是谁都会认为自己的生活是最重要的。

京子：是吗？可是我不想变成那样。那样的话，父母和子女之间也太没意思了。

纪子：是啊。可是大家不都变成了那样吗？渐渐地变成那样。

京子：那嫂子也会变吗？

纪子：嗯，我不想变，可还是会变成那样。

京子：真讨厌啊，这样的世道……

纪子：是啊，尽是些令人厌烦的事……

京子：（振作精神）那嫂子，我……

纪子：好的。你去吧。

京子走向套廊，朝着庭院的方向

京子：爸爸，我走了。

打过招呼,向玄关走去。

纪子送她出去。

163 玄关

两人走来。

京子:嫂子您多保重。

纪子:谢谢。你也多保重。

京子:嗯。

纪子:暑假一定要来啊。

纪子:嗯。那就再见了。

纪子:再见。

京子:我走了。

微微一笑,离去。

164 房间

纪子回到屋里,收拾整理。

周吉一边擦着手走进来。

周吉:京子走了?

纪子:嗯——爸爸,我坐今天中午的火车……

周吉:是吗。要回去了啊?这么长时间,让你受累了。

纪子:什么忙也没帮上。

周吉:你在这里可帮了大忙了(坐下来)——你妈妈可高兴呢。在东京住你那里,你那么热情地待她……

纪子:哪里,也没能好好招待……

周吉：真的，你妈妈对我说呢，那天晚上最开心——我也要向你道谢呢。谢谢了。

纪子：不，不。

周吉：你妈妈也担心呢。你今后的生活怎么办？

纪子：……

周吉：这样下去可不行啊。你不必顾虑什么，要是有好人家，随时嫁了吧。把昌二忘了也没关系。一直让你这样下去，我心里反倒歉疚——难过啊。

纪子：不，不会的。

周吉：不，是这样。你妈妈也夸你呢，说再没有像你这么好的人了。

纪子：妈妈她是偏心我呢。

周吉：不是偏心。

纪子：我并不是像您说的那么好的人，如果连爸爸也那么觉得，我反倒过意不去了……

周吉：不，不是那样的。

纪子：不，是这样的。其实我很自私，并不像爸爸妈妈所想的那样，心里总想着昌二。

周吉：但还是忘了好啊。

纪子：可最近我甚至有不想他的时候，很多时候会忘了他。我觉得我不能一直这样下去，像这样一直一个人过下去，究竟会怎样呢？有时候夜里我会忽然这么想。每天每天无所事事地过去，心里很寂寞。我还在内心深处期待着什么——我真的很自私。

周吉：不，你不自私。

纪子：就是自私。这些事我也没能跟妈妈说出口。

周吉：——别介意啊。这样就好——你真是个好人。又诚实……

纪子：不敢当。

周吉：别……

说着站起来从佛龛的抽屉里拿来一块女式手表。

周吉：这是你妈妈的手表——现在虽然不流行这样式了，你妈妈刚好像你这个年纪的时候开始戴它。请收下做个纪念吧。

纪子：可是，这么……

周吉：好了，收下吧。（递上手表）能给你用，你妈妈一定很高兴。

纪子：（伤心地垂下头）……谢谢……

周吉：唉……爸爸真心希望你别顾忌，早日得到幸福——真的。

纪子百感交集地捂住脸。

周吉：——真奇怪啊，比起自己亲生的孩子，反倒是你这个应当算外人的，对我们这么好……谢谢你。

说完颓然低下头。

纪子忍住眼泪。

165 小学的校舍

传来歌声。

166 大海尽收眼底的山坡

正是校外写生课的时间。

孩子们分散四处，正在画画。

京子一边巡视，忽然看看手表，然后向一边跑去，俯视山下。

167 山下的铁路

开往东京的列车从对面疾驰过来。

169 疾驰的列车。

170 车内

纪子也依依不舍地望着窗外。

171 透过车窗向外望去,尾道的群山——

172 车内

纪子随即把亡母遗下的手表凑近耳边,沉浸在怀想中。

汽笛的回响。

173 平山家

周吉独自孤零零地坐在套廊边,眺望着远处的大海。

邻居太太照旧隔着窗户跟他打招呼。

邻居太太:孩子们都回去了,又冷清了啊。

周吉:没什么……

邻居太太:真是太突然了……

周吉:啊……她是个倔脾气,早知这样,趁她在世的时候,也应当待她更好一点啊……

邻居太太:……

周吉:剩下我一个人,突然觉得日子变长了……

邻居太太：的确是这样啊……真寂寞啊……（说着走开了）

周吉：唉……

周吉独自眺望大海，不由得深深叹息。

174 大海

航行在岛屿之间的汽艇，砰砰作响着渐渐远去。

175 套廊边

周吉茫然地望着大海——

176 大海

汽艇砰砰的声响如梦一般远去。

濑户内海，七月一个下午的景色。

（剧终）

图书在版编目（CIP）数据

豆腐匠的哲学 /（日）小津安二郎著；吴菲译. —北京：新星出版社，2016.8
ISBN 978-7-5133-1170-0

Ⅰ. ①豆… Ⅱ. ①小… ②吴… Ⅲ. ①随笔—作品集—日本—现代 Ⅳ. ①I313.65

中国版本图书馆 CIP 数据核字（2016）第 077561 号

豆腐匠的哲学

（日）小津安二郎 著
吴 菲 译

选题策划：雅众文化
策 划 人：方雨辰 陈希颖
特约编辑：陈艺恒
责任编辑：汪 欣
装帧设计：孙晓曦
出版发行：新星出版社
出 版 人：谢 刚
社　　址：北京市西城区车公庄大街丙 3 号楼 100044
网　　址：www.newstarpress.com
电　　话：010-88310888
传　　真：010-65270449
法律顾问：北京市大成律师事务所
读者服务：010-88310811　service@newstarpress.com
邮购地址：北京市西城区车公庄大街丙 3 号楼 100044
印　　刷：山东临沂新华印刷物流集团有限责任公司
开　　本：787mm×1092mm　1/32
印　　张：8.5
字　　数：150 千字
版　　次：2016 年 9 月第一版　2016 年 9 月第一次印刷
书　　号：ISBN 978-7-5133-1170-0
定　　价：42.80 元

版权专有，侵权必究；如有质量问题，请与印刷厂联系更换。